Todo sobre la adopción

Eduard Solé Alamarja

TODO SOBRE LA ADOPCIÓN

dve
PUBLISHING

Colección dirigida por David Siuraneta Pérez, abogado colegiado.

Diseño de la cubierta de Mireia Vidal Terré.

© Editorial De Vecchi, S. A. 2019
© [2019] Confidential Concepts International Ltd., Ireland
Subsidiary company of Confidential Concepts Inc, USA
ISBN: 978-1-64461-440-2

Índice

Introducción

En los últimos años han aumentado considerablemente las solicitudes de adopción en nuestro país. Paralelamente ha disminuido el número de niños en situación de ser adoptados en España. En consecuencia, se intenta cada vez más la adopción de menores nacidos más allá de nuestras fronteras. La situación desoladora en la que estos se encuentran y las posibilidades que ofrecen los países desarrollados han provocado este progresivo crecimiento. Por consiguiente, las autoridades competentes en la materia han tenido que adaptar sus ordenamientos jurídicos internos a los principios fijados en convenios internacionales.

Esta guía expone los procesos jurídicos, técnicos y de tramitación de solicitudes y expedientes de adopción de menores en España, y detalla también los procedimientos requeridos cuando el menor se halla en otro país. Se completa con un anexo donde se recopilan los requisitos y características de los procedimientos de adopción en países de todo el mundo. El propósito de esta obra es conocer cómo funciona la tramitación de una adopción en cualquiera de sus ámbitos y servir de ayuda a quienes han decidido adoptar y están buscando una orientación.

Marco normativo actual de la adopción en España

La adopción en el marco jurídico estatal

Debido a la gran cantidad de normas que existían en España en materia de adopción, se promulgó la Ley Orgánica 1/1996, que establece que serán competencia exclusiva del Estado las cuestiones relativas a nacionalidad, extranjería, administración de justicia y legislación procesal; asimismo, la legislación civil será competencia exclusiva del Estado, sin perjuicio de la conservación, modificación y desarrollo de los derechos civiles y forales de Aragón, Cataluña y Navarra; en materia de asistencia social, la normativa estatal será supletoria de la de las comunidades autónomas.

En el marco jurídico del Estado español, el precedente inmediato de la actual Ley Orgánica 1/1996 de 15 de enero, se encuentra en la Ley 21/1987, que produjo importantes modificaciones: se manifiesta que el principio básico es el interés del adoptado y recoge el concepto de integración familiar como finalidad de la adopción. Reconoce un solo tipo de adopción, la plena, que supone la ruptura de vínculos entre el adoptado y su familia biológica; además, la adopción se convierte en irrevocable, con la equiparación entre filiación adoptiva y biológica. Se modifican los requisitos para adoptar y ser adoptado, con lo que la edad mínima para ser adoptante se establece en 25 años, y la diferencia mínima de edad entre adoptante y adoptado será de 14 años, con el fin de establecer una menor diferencia generacional que beneficie el desarrollo integral del niño en el nuevo núcleo familiar. La posterior Ley Orgánica 1/1996 de 15 de enero, de Protección Jurídica del Menor, está basada en el principio constitucional de protección de la familia y del menor; esta ley mejoró a su predecesora, la Ley 21/1987 en:

— la creación de medidas adecuadas para la protección del niño;
— la agilización en trámites administrativos y judiciales;
— el concepto de menores de edad como sujetos pasivos participativos y creativos.

Lo realmente novedoso fue que estableció la regulación del acogimiento del menor por parte de una familia, evitando así su permanencia en centros. Además creó las diversas modalidades de acogimiento familiar vigentes: el simple o transitorio, el permanente y el preadoptivo. Esta ley regula un nuevo concepto de idoneidad y sienta las bases de la adopción internacional; establece las funciones de las entidades públicas o privadas acreditadas, garantizando la igualdad de derechos de los niños adoptados en el extranjero y en España. Otro factor destacado está en el protagonismo otorgado al Ministerio Fiscal.

La adopción en el marco jurídico de las comunidades autónomas

Según la ley, se reserva al Estado la legislación civil, sin perjuicio de la conservación, modificación y desarrollo por las comunidades autónomas de los derechos civiles, forales o especiales, allí donde existan. Con ello se entiende que serán sólo las que poseían derecho civil propio cuando se promulgó la Constitución:

— Aragón. Sus normas sobre la adopción se encuentran en la Ley 3/1988 de 25 de abril, sobre Equiparación de los Hijos Adoptivos, y en la Ley 10/1989 de 14 de diciembre, de Protección de Menores.

Competencias territoriales en materia de adopción		
Nacionalidad	Civil	Asistencia social
Extranjería		
Administración de justicia		
Legislación procesal		
Competencia exclusiva del Estado	Estado / Aragón / Cataluña / Navarra	Comunidades autónomas
	Supletoriamente el Estado	Supletoriamente el Estado

— Cataluña. En cuanto a la labor legislativa en materia de adopción hay que destacar la Ley 37/1991 de 30 de diciembre, sobre Medidas de Protección de los Menores Desamparados y de la Adopción, y la Ley 9/1998 de 15 de julio, de Código de Familia, que sustituye la normativa anterior.

— Navarra. Su tarea legislativa se encuentra en la Ley Foral 5/1987 de 1 de abril.

La situación de desamparo del menor. El acogimiento

La declaración de desamparo del menor

La existencia de un menor en situación de desamparo y una resolución de la Administración competente declarando esa situación constituyen las bases necesarias para que surja el acogimiento familiar o la adopción.

Ahora bien, ¿qué se entiende por *desamparo*? Se considera que existe desamparo del menor cuando le faltan aquellos elementos básicos necesarios para el desarrollo integral de su personalidad, tanto en el aspecto material como en el moral.

Este desamparo se produce en los siguientes casos:

— la falta de las personas a las que por ley corresponda ejercitar las funciones de guarda;
— la imposibilidad de ejercer la guarda;
— el ejercicio inadecuado de los deberes de protección.

Según el Código civil, la situación de desamparo se define como aquella que se produce a causa del incumplimiento o del inadecuado ejercicio de los deberes de protección que deje a los menores privados de la necesaria asistencia moral o material.

Otra conclusión que se extrae del Código civil, con relación a la situación de desamparo, es que resulta necesaria una cierta continuidad. No basta un acto aislado de lesión al menor.

En todo caso, para que se produzca la declaración de desamparo no es suficiente con las circunstancias descritas anteriormente, sino que es necesario que exista, en primer lugar, una resolución administrativa emitida por el órgano competente y, en segundo lugar, que sea confirmada por una resolución judicial.

Así pues, se pueden diferenciar tres fases en la declaración de desamparo: la denuncia, la resolución administrativa y la resolución judicial.

El deber de denunciar afecta a cualquier persona y, en especial, a los profesionales de la sanidad y de los servicios sociales, que por su profesión tienen más posibilidades de conocer la existencia de estas situaciones.

El conocimiento por parte del organismo competente de la situación de desamparo deriva en la incoación de un expediente. Los equipos técnicos se reunirán, examinarán y evaluarán la información relativa al caso y, previa audiencia de los titulares de la patria potestad, así como del menor que tenga más de doce años o del que no habiendo alcanzado dicha edad tenga suficiente juicio, los técnicos elaborarán la propuesta de declaración de desamparo del menor. En esa propuesta de declaración de desamparo se habrán valorado los denominados *factores de riesgo social*: abandono, negligencia en el cumplimiento de las obligaciones alimentarias, de higiene, etc.

Posteriormente, el órgano administrativo competente estudiará y emitirá, en su caso, la resolución. En unos días esta resolución deberá ser comunicada al Ministerio Fiscal, padres, tutor, guar-

Proceso de adopción

Ausencia de elementos básicos en el desarrollo integral del menor

↓

Resolución administrativa

↓

Confirmación judicial

↓

Declaración de desamparo

↓

Acogimiento

Adopción

dador o familiares que hayan convivido últimamente con el menor, informando a todos de los medios de que disponen para oponerse a la mencionada resolución.

Por último, el juez confirma o revoca la resolución.

Las medidas protectoras

Como consecuencia de la declaración de desamparo, se toman medidas para mejorar la situación del menor. De forma inmediata, el órgano administrativo correspondiente asume la guarda del menor y también el ejercicio de las funciones tutelares, en caso de que la situación de desamparo del menor sea imputable a quien ostenta su tutela. El contenido de estas funciones se indican en el cuadro siguiente:

TUTELA Y GUARDA

Tutela

a) Supone la representación y administración de los bienes de los menores.
b) La asume el órgano administrativo competente en esta materia de la comunidad autónoma correspondiente.
c) La ejerce el órgano administrativo competente en esta materia de la comunidad autónoma correspondiente.
d) Para los padres supone la suspensión temporal del ejercicio de la patria potestad.

Guarda

a) Supone la obligación de velar por el menor, tenerlo en su compañía, alimentarlo, educarlo y procurarle una formación integral.
b) La asume el órgano administrativo competente en esta materia de la comunidad autónoma correspondiente.
c) La ejerce el director del centro en que el menor es internado o las personas que lo reciban en acogimiento.
d) Para los padres supone que el menor vive fuera de la familia pero ostentan su tutela salvo en los casos de desamparo.

Está situación se mantendrá hasta que:

— se produzca la reintegración del menor en su familia por haber desaparecido la situación de desamparo;
— el menor alcance la mayoría de edad o la emancipación (véase «Glosario»);
— se haya llevado a cabo una adopción.

Si la situación de desamparo se debe a fuerza mayor, el organismo competente de cada comunidad autónoma asume lo que se denomina *funciones de guarda*. Se trata de una situación en la que los propios padres del menor solicitan el auxilio de la Administración al sobrevenir algún tipo de circunstancia que les hace imposible ejercer estas funciones.

Junto al ejercicio de las funciones tutelares o de guarda también se prevén otras medidas de protección que tienen por objeto el desarrollo integral del menor. Estas pueden ser de dos tipos:

— las medidas protectoras orientadas a mejorar la situación del menor en su propia familia, recibiendo ayuda por parte de la Administración;
— el acogimiento familiar: un mecanismo de protección de menores que consiste en conceder la guarda de un menor a una familia que lo acepte. El menor convive con esa familia, recibe sus atenciones y cuidados, pero sin llegar a convertirse en un miembro de ella (como sucede en el caso de la adopción).

Aunque la adopción del menor, que lo convierte en miembro de pleno derecho de la familia con una posición idéntica a la del hijo biológico, es la mejor forma para garantizar una integración familiar completa, en los casos en que esta no es posible, se considera más conveniente el acogimiento familiar que el internamiento en un centro, público o privado, de guarda de menores.

El objetivo del acogimiento es proporcionar una convivencia familiar a menores cuya adopción no es posible o es difícil. Igualmente, también se configura el acogimiento como una etapa previa a la adopción. De esta manera, aquellas personas que pretenden adoptar a un niño pueden tenerlo en régimen de acogimiento. En el caso de que esta situación sea satisfactoria, pueden decidirse a adoptarlo definitivamente.

Resulta muy importante tener claro que el acogimiento puede ser una etapa previa a la adopción, pero no tiene por qué serlo de forma obligatoria. Así, se puede adoptar a un niño sin necesidad de acogerlo previamente, y viceversa, es decir, se puede acoger a un niño sin que sea preciso adoptarlo después.

De esta forma, el acogimiento puede ser un sustituto de la adopción o bien un plazo de garantía antes de decidirse a consumarla.

Hay que decir que los órganos administrativos intentarán por todos los medios que el menor no sea separado de su familia, y solamente en el caso de que los equipos técnicos estimaran necesaria su separación, se promoverá el acogimiento familiar.

El acogimiento transitorio

Esta es una modalidad de acogimiento familiar que tiene por finalidad facilitar la integración del menor en un ambiente familiar que no es el suyo propio, durante el tiempo necesario para que su familia pueda superar las causas que han provocado la separación.

☐ **¿En qué casos un acogimiento transitorio puede terminar en adopción?**

☐ Únicamente es posible en aquellos supuestos en que haya habido una modificación de las circunstancias que aconsejaron esta medida. Es decir, la situación de la familia biológica tiene que haber variado de forma que los servicios tutelares consideren que el retorno del menor con la misma no será en el futuro posible o favorable para el niño.

Este tipo de acogimiento, que está concebido para el regreso del niño a su familia de origen, comporta lo siguiente:

• La familia que acoge será una familia especialmente formada y que asumirá las necesidades del menor durante el tiempo en que este no pueda convivir con la suya. Es decir, cualquier solicitante de acogimiento no estará en condiciones de aportar la solución a los problemas que tiene el menor en su familia biológica, y por tanto la familia elegida deberá reunir ciertos requisitos que permitan que la convivencia del niño en ella le resulte beneficiosa.

• La familia que acoge habrá sido instruida y facilitará las relaciones y las visitas del niño con su familia natural, manteniendo así los vínculos afectivos. Es una estancia temporal; en el momento en que se solucionen las carencias que sufre el menor se propondrá su retorno con la familia biológica o tutores, por lo que el contacto con ellos resulta casi siempre beneficioso.

• La familia que acoge, la familia de origen del niño y los técnicos de la Administración trabajarán conjuntamente para buscar la mejor solución en las situaciones conflictivas que pudieran concurrir.

Resulta importante destacar que, mientras dura el acogimiento transitorio, se intenta que continúe habiendo contacto entre el acogido y su familia natural. De hecho, las estadísticas indican que cuanto más frecuentes son las visitas de los padres, aumentan las posibilidades de que se produzca el retorno. Además, las visitas afectan positivamente al menor, puesto que le transmite la idea de continuidad en su vida y no siente el acogimiento como una ruptura, sino como una etapa en la que va a sentirse muy querido. Debido a la importancia que tienen las visitas, estas deben estar fijadas con carácter previo al acogimiento. Así, aspectos como el lugar, la frecuencia, la duración, las personas que mantendrán contacto con el menor deben conocerse desde un principio.

Este tipo de acogimiento suele producirse en familias muy deterioradas económicamente, con padres enfermos (drogodependientes), y en las que los parientes tampoco se han podido hacer cargo. También es bastante frecuente en el caso de niños que viven en prisión con sus madres.

En cuanto a la selección de la familia de acogida, y dada la particularidad de que está prevista una pronta reinserción en la familia de origen para evitar el desarraigo del niño, se tienen en consideración factores como:

— la proximidad a la residencia habitual del menor acogido;
— preferencia de familiares sobre extraños;
— intentar atribuir la guarda de todos los hermanos al mismo acogedor;
— posibilidad de que sean los padres (no privados o suspendidos de patria potestad) quienes señalen unos acogedores determinados.

Una subcategoría de esta clase de acogimiento es el denominado *acogimiento temporal comunitario*. En este caso se establece un contrato entre ambas familias con la mediación de los servicios sociales. La duración de este acogimiento nunca excede de dos años.

El acogimiento permanente

Es un acogimiento que ofrece una vida familiar a un menor durante el tiempo necesario hasta que llegue su independencia o se encuentre una alternativa más adecuada. En esta modalidad de acogimiento se considera que el retorno no es posible ni deseable, y tampoco se considera la adopción como un recurso adecuado. Con esta medida se intenta promover el desarrollo emocional, físico e intelectual del niño. El ambiente familiar permite que se desarrollen sentimientos de seguridad, permanencia y pertenencia en el acogido.

El acogimiento familiar permanente se caracteriza por su estabilidad frente a la transitoriedad del acogimiento familiar simple. Sin embargo, este carácter de estable no significa indefinido, puesto que el acogimiento, sea del tipo que sea, es temporal por definición.

Hay que decir que esta modalidad de acogimiento no está contemplada en todas las comunidades autónomas.

El acogimiento preadoptivo

Esta modalidad de acogimiento, sin lugar a dudas, supone la actuación más drástica ante una situación de desamparo, puesto que implica, desde un principio, la separación definitiva del menor de su entorno familiar.

Los motivos para aplicar esta medida pueden ser muy diversos, pero tienen en común el hecho de que la situación de desamparo no es transitoria. Ahora bien, esta situación de desamparo permanente puede ser determinada desde un principio debido a la gravedad y el riesgo inminente para el menor, o posteriormente, ya que puede establecerse en primer lugar un acogimiento simple y producirse después una serie de circunstancias que hagan imposible el retorno.

En algunas leyes autonómicas se especifican las situaciones que determinan la aplicación de esta modalidad de acogimiento:

— los signos de malos tratos psíquicos o físicos, de abusos sexuales, de explotación u otros de naturaleza análoga;
— la incursión de los titulares de la potestad o tutela en causa de privación o de remoción (véase «Glosario»);
— la imposibilidad permanente para ejercer la potestad o la tutela por causas jurídicas (por ejemplo, la incapacitación en sentencia firme), materiales o físicas.

Por último, hay que destacar que se necesita una decisión judicial en el acogimiento preadoptivo cuando los padres o el tutor no consientan esta medida.

Otras formas de acogimiento

• *El acogimiento en institución.* Es el que se lleva a cabo en los llamados *centros residenciales de acción educativa.* Estos centros deben tener un funcionamiento parecido al de una familia, con el fin de que el menor desarrolle un crecimiento estable.

Se clasifican por franjas de edad y pueden distinguirse dos formas de funcionamiento:

— pisos asistidos: están pensados para jóvenes entre 16 y 18 años, para que les sea más fácil el proceso de integración en la sociedad;
— hogares funcionales: son acogimientos simples de un máximo de ocho menores que se encuentran bajo la supervisión de una persona o familia. Cuentan además con la ayuda de un educador social.

• *El acogimiento en familia extensa del menor*. En esta modalidad existe una relación de parentesco, por consanguinidad o afinidad (véase «Glosario»), entre la persona o la familia que acoge y el menor. Los parientes que desean acoger gozan de preferencia sobre otros, ya que se intenta, siempre que sea posible, no separar al menor de su entorno familiar.

Para que se pueda producir este tipo de acogimiento son necesarios los siguientes requisitos:

— la existencia de familiares que muestren su deseo de acoger al menor;
— estos familiares deben haber mostrado interés por el menor;
— ha de haber vínculo de afectividad;
— debe existir capacidad para preservarlo de la situación que generó el desamparo;
— los que acogen deben tener aptitud educadora;
— las demás personas que han de convivir con él no deben oponerse a este acogimiento.

En este tipo de acogimiento se prescinde del procedimiento ordinario de selección, pues si se cumplen los requisitos anteriormente descritos, los familiares tienen preferencia sobre los demás candidatos y podrán llevar a cabo el acogimiento.

• *El acogimiento abierto*. Esta modalidad consiste en el acogimiento de un niño durante fines de semana y vacaciones. Es un sistema creado para menores entre 9 y 16 años que, por causas legales, deben permanecer en algún tipo de institución.

• *El acogimiento familiar especial.* Destinado a niños con necesidades o problemas específicos de salud física o mental, minusvalías, dificultades de adaptación, etc. En esta modalidad resulta fundamental la colaboración económica de la Administración, puesto que, en muchas ocasiones, el acogimiento de estos niños supone tener que realizar un desembolso económico muy importante.

Aparte de la colaboración económica que pueda prestar la Administración, hay que decir también que las familias que acogen reciben otro tipo de apoyos. Algunas muestras de este apoyo son: la formación y preparación previa para el acogimiento, el apoyo técnico individual ante necesidades específicas del niño o de la propia familia, la creación de grupos de autoayuda, etc.

Los criterios de selección de las familias de acogida

En general, antes de entregar un menor en acogimiento, los organismos competentes en materia de menores de las diferentes comunidades autónomas tienen que valorar si los solicitantes reúnen las condiciones adecuadas para desarrollar la función solicitada.

Los criterios de valoración difieren:

• Según la comunidad autónoma. Todas siguen los mismos principios generales, pero pueden variar ligeramente otorgando preferencia a una familia respecto a otra porque exista una determinada característica en la solicitud que se considere más favorable para el menor. Sin embargo, aunque esto pueda ocurrir, los criterios para descartar a potenciales familias sí son coincidentes en todas las comunidades. Es decir, hay diferencias en los criterios de preferencia de los solicitantes, pero las comunidades autónomas no pueden mantener criterios de rechazo diferentes, puesto que faltarían al principio de igualdad constitucional.

• Según el tipo de acogimiento elegido. Los criterios de selección varían según la modalidad de acogimiento de que se trate, por este motivo resulta de suma importancia que los que acogen tengan claro a qué acogimiento quieren acceder. Es bastante frecuente que las familias que han accedido a un acogimiento transitorio tengan la idea equivocada de que esa situación derivará en un acogimiento preadoptivo y, posteriormente, en adopción. Por parte de los servicios tutelares se intenta dejar lo suficientemente claro que esa es una posibilidad remota, y que la finalidad del acogimiento al que han accedido es muy diferente a la del acogimiento preadoptivo.

A título de ejemplo se incluye una serie de factores que suele tenerse en cuenta por parte de los servicios tutelares cuando se presenta una solicitud de acogimiento en cualquiera de sus modalidades:

— ser residente en la comunidad autónoma en la que se realiza el proceso y tener más de veinticinco años. En el caso de parejas, bastará con que un miembro de la misma haya cumplido dicha edad y que el otro sea mayor de edad;
— tener medios de vida estables y suficientes;
— estado de salud física y psíquica que no dificulte el normal cuidado del menor;
— tendrán preferencia los matrimonios y las parejas mixtas con relación similar a la conyugal;
— convivencia de tres años en pareja;
— en caso de esterilidad en la pareja, que dicha circunstancia y su vivencia no interfieran en el posible acogimiento o adopción;
— existencia de una vida familiar estable y activa;
— que el deseo de acogimiento o adopción de un menor sea compartido por todos los miembros que conviven en la familia;
— que exista un entorno relacional amplio y favorable a una integración del menor acogido o adoptado;

— capacidad de cubrir las necesidades de desarrollo de un niño;
— carencia, en las historias personales, de vivencias que impliquen riesgo para la acogida del menor;
— flexibilidad de actitudes y adaptabilidad a nuevas situaciones;
— comprensión de las dificultades que entraña la situación para el niño;
— respeto a la historia personal del niño, con aceptación de sus características particulares;
— aceptación, en su caso, de relaciones con la familia de origen del menor;
— actitud positiva para la formación y el seguimiento.

La consideración de todas estas circunstancias se hará mediante la valoración ponderada de las que concurran en la persona o pareja que solicite el acogimiento familiar.

En el acogimiento familiar es clave la actitud de la familia que acoge hacia la familia biológica, en la que debe predominar el respeto y la solidaridad, evitando la tendencia a la rivalidad o al litigio. De aquí la importancia de la selección y formación de las familias de acogida, así como del apoyo técnico que van a necesitar en el proceso.

El acogimiento preadoptivo

Concepto

El acogimiento preadoptivo de un niño susceptible de adopción lo llevan a cabo los solicitantes de adopción seleccionados, como etapa previa, antes de que la entidad pública realice la propuesta de adopción definitiva ante el juez. La finalidad de esta etapa previa es valorar si hay una buena adaptación del menor y la nueva familia. Este periodo de prueba durará, según la Ley Orgánica de Protección Jurídica del Menor, un mínimo de tres meses y un máximo de un año.

El origen de este acogimiento preadoptivo puede ser administrativo o judicial:

• Hay *acogimiento preadoptivo administrativo* cuando existe un consentimiento expreso por parte de los padres biológicos para que se lleve a cabo la adopción. En cuanto existe el consentimiento expreso de los padres biológicos, la Administración formaliza el acogimiento con los futuros adoptantes y lo comunica al Ministerio Fiscal. En este caso no es necesario que intervenga el juez hasta el momento en que la entidad pública correspondiente o la familia de acogida formulen propuesta de adopción ante el juzgado competente.

• El problema aparece cuando no existe el consentimiento expreso de los padres biológicos del menor, ya sea porque se oponen a la adopción, porque son desconocidos o porque están ilocalizables; en estos supuestos se necesita el *acogimiento preadoptivo judicial*. Aunque haga falta la intervención judicial para constituir el acogimiento preadoptivo, existe la posibilidad de formalizar otro tipo de acogimiento mientras el juez resuelve respecto del preadoptivo. Puede suceder:

— que el juez resuelva favorablemente para el acogimiento preadoptivo;
— que el juez no esté de acuerdo con la propuesta formulada por la Administración y el niño tenga que abandonar la familia que le tiene temporalmente acogido;
— que el juez esté en desacuerdo en el tipo de acogimiento, es decir, que le parezca correcto como medida protectora para el menor, pero considere que la modalidad elegida no es la adecuada. En este caso, la familia de acogida tiene la posibilidad de aceptar o no que el niño permanezca con ellos en otra modalidad de acogimiento.

Si el niño sale de la familia por una de estas causas, los padres de acogida conservan la antigüedad de su solicitud de cara a la adopción de otro niño, dado que la ruptura del acogimiento no se debe a la familia adoptiva.

El establecimiento de un acogimiento preadoptivo administrativo puede causar toda una serie de controversias legales, que unas veces tendrán más fácil solución y otras serán más difíciles de resolver.

En algunas ocasiones se ha formalizado un acogimiento administrativo con consentimiento de la madre, y posteriormente ha aparecido un progenitor, hasta entonces desconocido, que reclama sus derechos sobre el niño; o incluso los padres, que inicialmente han dado su consentimiento para la adopción y que después pueden oponerse al acogimiento administrativo.

Esto no ocurre en el acogimiento judicial, puesto que el juez, además de recabar el informe del Ministerio Fiscal, debe obtener el asentimiento de los padres, aunque previamente se haya dado este asentimiento ante la Administración.

Acogimiento	
Administrativo	**Judicial**
Sólo cabe cuando hay consentimiento expreso del progenitor	Sin consentimiento de padres biológicos porque: • se oponen a la propuesta de acogimiento • son desconocidos • están ilocalizables

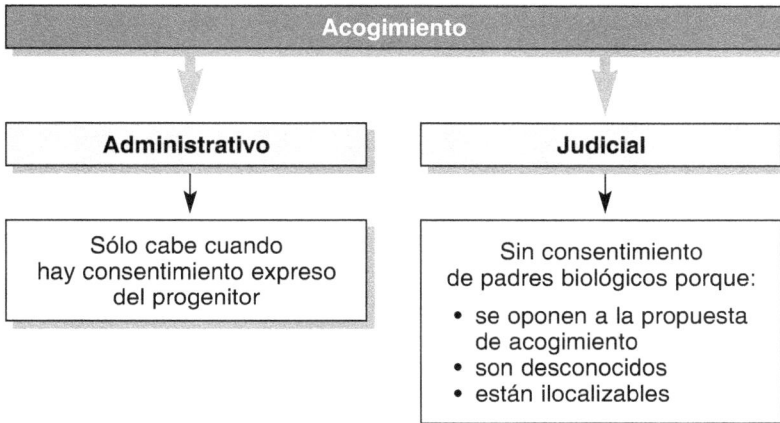

Trámites previos

Las comunidades autónomas suelen ofrecer reuniones informativas a aquellas personas interesadas en acoger a un menor; tan sólo hace falta solicitarlas e inscribirse previamente. Estas reuniones tienen como finalidad transmitir una información general sobre el acogimiento y aclarar dudas a los asistentes. Se aprovecha la sesión para facilitar, a las personas interesadas, los impresos de solicitud y un folleto informativo sobre la documentación necesaria para llevar a cabo un acogimiento.

La documentación indicada en los folletos informativos deberá remitirse al organismo competente (la dirección suele estar indicada en los propios folletos); seguidamente se comunicará a los solicitantes el número de expediente asignado y se les citará para una primera entrevista.

Normalmente se efectúan dos entrevistas con los solicitantes y una visita a su domicilio. Este proceso de estudio suele durar un mínimo de seis meses. Tras examinar la documentación remitida y los informes de los equipos técnicos, se les comunicará si han sido aceptados o no como acogedores. La resolución emitida se comunica a los interesados y, en caso de ser favorable, pasarán a formar parte del registro de familias que acogen. A partir de la inscripción, el tiempo de espera es muy variable, ya que se realizará un estudio del niño más apropiado para esa familia de entre los que están en espera.

Cuando el equipo de acogimiento familiar selecciona un menor para una determinada familia comunica esta decisión a los elegidos informándoles de las características, circunstancias e historial del niño. También existe la posibilidad de que la familia que acoge rechace la propuesta de acogimiento. El último paso, previo a la convivencia, son los primeros contactos y un breve periodo de adaptación.

Los equipos técnicos realizan el seguimiento del acogimiento, dando, a su vez, soporte técnico ante los problemas de convivencia que pudieran surgir en el nuevo núcleo familiar.

Documentación necesaria

La documentación solicitada para llevar a cabo un acogimiento familiar, en cualquiera de sus modalidades, varía ligeramente según la comunidad autónoma de la que se trate. Sin embargo, existen una serie de documentos que son requeridos por la mayoría de ellas:

— escrito de solicitud de acogimiento de un menor;
— certificado literal original de la inscripción de nacimiento de los solicitantes, expedido por el Registro Civil del lugar de nacimiento;
— certificado original de matrimonio o convivencia, según proceda. En el caso de matrimonio, certificado literal, expedido por el Registro Civil del lugar de celebración del mismo;
— certificado de empadronamiento original, expedido por las juntas municipales o ayuntamientos;
— fotocopia de la declaración de renta y patrimonio de los tres últimos ejercicios económicos. En su defecto, certificado de haberes del mismo periodo y relación documentada de bienes patrimoniales;

— declaración jurada de existencia o no de hijos, propios o adoptivos;
— certificado médico original que acredite no padecer enfermedades infectocontagiosas u otras que dificulten el cuidado del menor;
— documento que garantice la futura cobertura sanitaria del menor (fotocopia del documento de asistencia sanitaria de la Seguridad Social, o cualquier otra póliza suscrita con otra compañía);
— certificado original de antecedentes penales, expedido por el Ministerio de Justicia;
— fotocopia del documento nacional de identidad de cada persona;
— dos fotografías de tipo carné de cada persona.

Esta documentación tiene que presentarse en los organismos oficiales de cada comunidad autónoma dedicados a la tutela y protección del menor.

Elementos de valoración

La legislación española ha establecido unos requisitos obligatorios en todas las comunidades autónomas que se deben tener en cuenta en un acogimiento preadoptivo, aunque luego cada una de ellas puede establecer las peculiaridades que crea más convenientes. Estos requisitos son comunes al acogimiento y a la adopción. Son los siguientes:

• En cuanto a las circunstancias personales de los que acogen se valora:

— un equilibrio personal adecuado;
— la estabilidad en la relación de pareja;
— la salud física y psíquica que permita la atención del menor;
— flexibilidad de actitudes y adaptabilidad a la nueva situación que plantea el acogimiento preadoptivo o la adopción;
— motivación para ejercer las funciones propias del acogimiento o la adopción.

• En cuanto a las circunstancias familiares y sociales se valora que haya un entorno relacional favorable y adecuado a la integración del menor.

• Por lo que respecta a las circunstancias socioeconómicas se tiene en cuenta lo siguiente:

— situación económica de los adoptantes que permita la correcta atención del menor;
— una vivienda en las condiciones adecuadas.

• Actitud educadora:

— capacidad para cubrir las necesidades educativas y de desarrollo del menor;
— que exista un entorno familiar que pueda dar soporte a la labor educativa.

• Expectativas en relación con el menor:

— la no elección del sexo de forma excluyente;
— aceptación de la herencia biológica del menor y aceptación y respeto a la historia, identidad y cultura del niño;
— aceptación de la relación del menor con su familia biológica si se considera necesario.

Por otra parte, en todas las comunidades autónomas existen algunos criterios que dan preferencia a unos solicitantes respecto a otros.

Un criterio de preferencia muy extendido en España es el de dar prioridad a las parejas estables frente a los solicitantes individuales. La justificación de esta preferencia es que se intenta siempre integrar al menor en un auténtico ambiente familiar, con referencia paterna y materna.

La edad de los que acogen también constituye otro criterio de preferencia. Si se tiene en cuenta que es requisito legal para adoptar tener una edad mínima y no superar una diferencia máxima de edad con el menor, no es de extrañar que en esta modalidad de acogimiento se prefiera a los solicitantes más jóvenes sobre los de edad más avanzada.

Un tercer criterio de preferencia es que el niño acogido sea más pequeño que el menor de los hijos naturales de los solicitantes y que les separe por lo menos un año. Con esto se persigue que externamente pueda aparecer como el más pequeño de los miembros de la familia y no resulte perceptible su condición de preadoptivo.

Constitución extrajudicial del acogimiento preadoptivo

La constitución del acogimiento preadoptivo en España puede producirse por dos vías:

• Mediante *resolución administrativa*. No es necesaria la intervención judicial. En este caso, los padres o tutores del menor acogido, si no están privados ni removidos de la patria potestad, deberán prestar su asentimiento.

• Mediante *resolución judicial*. En el supuesto en que los padres o tutores del niño no presten su asentimiento al acogimiento, este sólo puede ser acordado por un juez.

Para que pueda producirse un acogimiento preadoptivo sin que intervenga la autoridad judicial, se necesitan tres intervenciones favorables en este sentido:

— se necesita una propuesta por parte del organismo administrativo competente;
— esta propuesta tiene que ser aceptada por los padres o tutores del menor;
— el acogido debe acceder a esta medida.

El contenido de la propuesta efectuada por el órgano administrativo competente deberá acreditar que concurren aquellas causas que justifican esta medida y manifestar que es la mejor solución para el menor y para su familia de origen.

La propuesta deberá efectuarse por escrito y en forma de *resolución*. En este documento se hará constar el consentimiento de los siguientes sujetos para que se pueda llevar a cabo correctamente el acogimiento:

— la entidad pública protectora del menor aunque no ostente la tutela del niño;
— la persona o personas que vayan a acogerlo;
— los padres del menor, si se conocen y no han sido privados de la patria potestad;
— el propio menor si es mayor de doce años.

Si todos los implicados están de acuerdo y dan su consentimiento, la autoridad protectora del menor concederá el acogimiento a quienes lo hayan solicitado sin más tramites. Por el contrario, la negativa de algunos de ellos produce diferentes efectos:

— si el acogimiento no es aceptado por la entidad, lo comunicará a los interesados y pondrá fin al expediente;
— si la familia que solicitó el acogimiento se niega a llevarlo a cabo, evidentemente tampoco se producirá, ya que este es voluntario y nadie puede ser obligado a ello en contra de su propia voluntad;
— si el menor tiene más de 12 años y se niega, no se llevará a cabo el acogimiento, porque a partir de esa edad la ley le confiere el derecho a decidir si el acogimiento le conviene o no, y su decisión es vinculante para la entidad;
— en el caso de que los padres o el tutor no comparecieran a prestar el consentimiento o no lo otorgaran, no impedirán el acogimiento, pero sin embargo este deberá realizarse por resolución judicial.

Constitución judicial del acogimiento preadoptivo

En caso de que los padres biológicos o tutores del menor no dieran su consentimiento, el acogimiento no podrá constituirse por resolución administrativa, pero los interesados podrán acudir al juez para que lo autorice y conseguirlo por resolución judicial.

El organismo competente para resolver los asuntos relativos a las resoluciones administrativas en materia de protección de menores corresponderá al Juzgado de Primera Instancia del domicilio de la entidad protectora y, en su defecto, la competencia corresponderá al juzgado del domicilio del adoptante.

La forma de oponerse a la mencionada resolución administrativa será presentando un escrito inicial en el que debe expresarse lo que se pretende y la resolución a la que se opone. Posteriormente, el juez solicitará a la entidad administrativa una copia completa del expediente, que deberá ser aportada en un plazo máximo de veinte días. Una vez recibida la copia del expediente, se emplazará a los padres biológicos o a quienes ostenten la patria potestad a que en un plazo de veinte días puedan expresar su parecer al respecto. Con el consentimiento de unos, las opiniones de los demás y los datos e informes que posee, el juez resolverá sobre el acogimiento.

☐ **¿En qué supuestos se precisa de la intervención de un juez para constituir un acogimiento?**

☐ En aquellos casos en que los padres biológicos o el tutor no den su consentimiento para constituir el acogimiento administrativamente.

Efectos del acogimiento preadoptivo

Una vez constituido el acogimiento preadoptivo, quedan establecidos unos derechos y obligaciones entre los sujetos de esta triple relación. En la nueva situación familiar, los que acogen quedan obligados a velar por el menor, convivir con él, alimentarlo, educarlo y procurarle una formación integral. Las obligaciones permanecen limitadas al ámbito personal, sin efectos sobre el patrimonio hasta que no se produzca la adopción. De este modo, se puede decir que los que acogen serán responsables de los actos contra terceros causados por el menor. El contenido del acogimiento alcanza pues a lo que se denomina *responsabilidad extracontractual*.

El deber de velar por el niño consiste tanto en la asistencia material como en la moral. Tienen que intentar por todos los medios que el menor que ahora se encuentra en acogimiento supere la situación de desamparo que ha desencadenado esta medida. Por otro lado, los padres de acogida y el menor han de convivir, ya que no parece posible que el niño alcance la plena integración familiar si no hay convivencia.

Como contrapartida de todo lo anteriormente expuesto, también el menor queda obligado a obedecer y respetar a su familia de acogida.

Además de las obligaciones nacidas de la nueva relación familiar que implican a acogedores y acogido, también los padres biológicos conservan derechos y obligaciones durante el proceso. Siempre que estos se encuentren en situación económica de poder hacerlo, tienen el deber de alimentos, obligación que comparten la familia que acoge y la familia natural. Además, los padres biológicos continuarán estando presentes en la vida del menor, puesto que pueden visitarlo, comunicarse y relacionarse con él, a no ser que el juez considere más beneficioso para el niño que no se produzca ningún contacto y acuerde lo contrario.

Por otra parte, respecto a la familia que acoge hay que tener en cuenta que los efectos que produce el acogimiento preadoptivo son los siguientes:

— el acogimiento familiar no da derecho a que el menor pueda usar los apellidos de quienes lo acogen;
— el menor no adquiere derechos sucesorios. No es heredero legítimo de esas personas;
— en definitiva, y lo más importante, el niño acogido no se convierte en miembro de la familia, simplemente convive con ella como si lo fuera.

Efectos del acogimiento preadoptivo		
Obligaciones de los que acogen	**Obligaciones del acogido**	**Derechos y obligaciones de los padres biológicos**
Velar por el menor	Obedecer	Comunicación
Convivir	Respetar	Derecho a visita
Educarlo		Deber de prestar alimentos
Procurarle formación		
Deber de prestar alimentos		

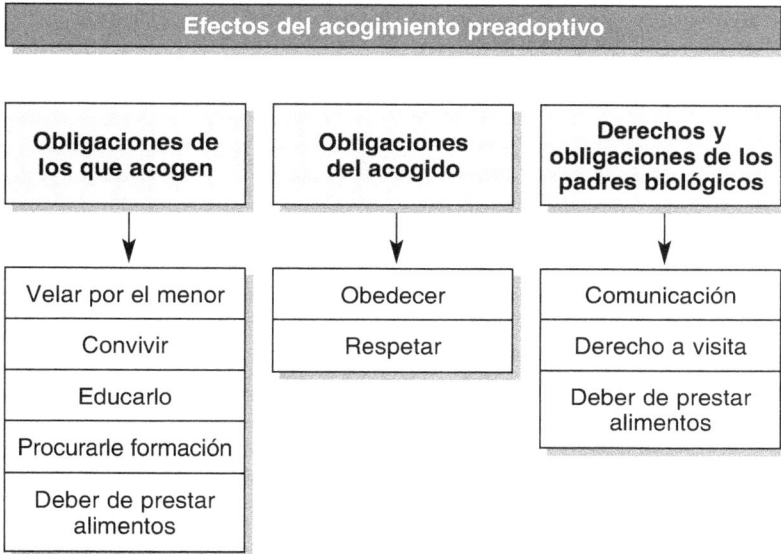

Extinción del acogimiento preadoptivo

La adopción es la forma natural de que acabe el acogimiento prea-doptivo. No hay que olvidar que la finalidad de este tipo de acogi-miento es la constitución de una filiación adoptiva, es decir, la adopción.

Ahora bien, el acogimiento preadoptivo también puede extin-guirse por las causas que se mencionan a continuación:

• La mayoría de edad del menor o su emancipación. Si el menor alcanza los 18 años o consigue la emancipación sin haber quedado constituida la adopción, se extinguirá el acogimiento preadoptivo.

• Quedará extinguido a voluntad del menor acogido si este lo soli-cita y cuenta con más de doce años o capacidad natural suficiente. La voluntad del menor se considera esencial para que se produzca la adopción y la manifestación de voluntad del menor oponiéndose al acogimiento preadoptivo determina la extinción de esta medida protectora, ya que cuando se constituya la adopción, se precisará su consentimiento.

• A solicitud de los padres biológicos. Podrá extinguirse el acogimiento si se han modificado las circunstancias que aconsejaron esta medida y si se considera positivo para el menor el regreso con la familia natural. Hay que decir que resulta poco probable que esto ocurra, ya que el acogimiento preadoptivo se habrá decidido por una serie de causas que aconsejaban la separación del menor de sus padres biológicos, por lo que la desaparición de esas causas, si se atiende a su gravedad, es improbable.

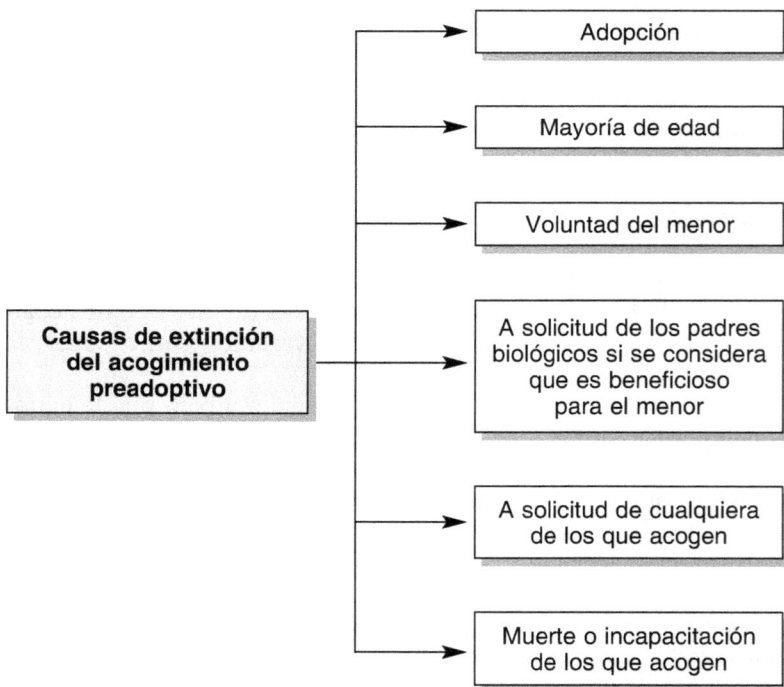

```
                                    ┌─────────────────────────┐
                              ┌────▶│        Adopción         │
                              │     └─────────────────────────┘
                              │     ┌─────────────────────────┐
                              ├────▶│     Mayoría de edad     │
                              │     └─────────────────────────┘
                              │     ┌─────────────────────────┐
                              ├────▶│   Voluntad del menor    │
                              │     └─────────────────────────┘
  ┌──────────────────┐        │     ┌─────────────────────────┐
  │ Causas de extinción│      │     │ A solicitud de los padres│
  │ del acogimiento    │──────┼────▶│ biológicos si se considera│
  │ preadoptivo        │      │     │    que es beneficioso    │
  └──────────────────┘        │     │      para el menor       │
                              │     └─────────────────────────┘
                              │     ┌─────────────────────────┐
                              ├────▶│ A solicitud de cualquiera│
                              │     │     de los que acogen    │
                              │     └─────────────────────────┘
                              │     ┌─────────────────────────┐
                              └────▶│ Muerte o incapacitación  │
                                    │     de los que acogen    │
                                    └─────────────────────────┘
```

• A solicitud de la familia que acoge. Es suficiente la manifestación de voluntad de uno de los miembros de la pareja para producir la extinción. Esto parece lógico, ya que en el momento de la adopción se necesita la voluntad de los dos. En cambio, si se produce separación o divorcio en la pareja que acoge, no tiene por qué extinguirse el acogimiento preadoptivo, y el menor podrá continuar acogido con aquel miembro de la pareja que se estime más conveniente. Así pues, en caso de que ambos acogedores continúen manteniendo una situación de convivencia bastará la declaración de voluntad de uno de ellos oponiéndose a continuar con el acogimiento para que este finalice.

• La muerte o incapacitación de ambos acogedores. Esta circunstancia conlleva también la extinción del acogimiento preadoptivo. Para darse esta situación tendrían que desaparecer los dos miembros de la pareja, pues si sólo faltara uno, el acogimiento podría continuar con el otro. Esto solamente ocurrirá en el supuesto de que este acogimiento se haya llevado a cabo por una pareja.

La adopción en España

Diferencias fundamentales entre acogimiento y adopción

El acogimiento y la adopción son un intento de preservar al menor de una vida o convivencia en malas condiciones. En el caso del acogimiento, se intenta conseguir por medio de la convivencia, temporal o hasta la mayoría de edad, con una familia que pueda brindarle un desarrollo más favorecedor como persona. En el caso de la adopción, la inclusión en la nueva familia será plena y definitiva. En el acogimiento, el menor mantendrá sus propios apellidos y no tendrá los derechos de los hijos naturales de la familia que lo acoge. En el caso de la adopción, el niño cambia sus apellidos por los de la

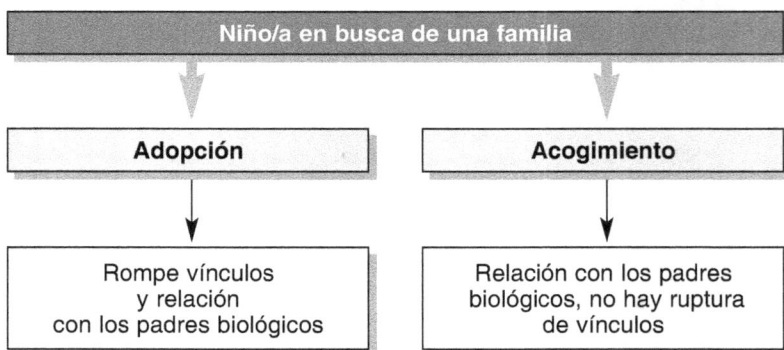

Niño/a en busca de una familia	
Adopción	**Acogimiento**
Rompe vínculos y relación con los padres biológicos	Relación con los padres biológicos, no hay ruptura de vínculos

familia adoptiva y pasa a tener, a todos los efectos, los mismos derechos que los hijos biológicos.

La situación actual de la adopción en España

El número de adopciones que se llevan a cabo varían en España de una comunidad a otra. Sin embargo, existe un punto en común en todas: el bajo número de adopciones de niños españoles en estos últimos años.

¿Por qué habiendo tantos niños internos en centros hay tan pocos para adoptar en España? La respuesta a esta pregunta se encuentra en el funcionamiento del sistema vigente en nuestro país en todo lo relativo a la protección del menor.

Es cierto que en España existe un número elevado de niños cuyas familias atraviesan serias dificultades. Esta situación genera la intervención de los servicios sociales de la comunidad autónoma correspondiente. La primera actuación de estos profesionales es poner en marcha recursos de apoyo familiar tratando de evitar la separación. De todas maneras, cuando esta situación es muy conflictiva o los apoyos han demostrado no ser eficaces, la decisión de la separación se hace necesaria para proteger al menor.

Ante la situación descrita, los órganos respectivos de la comunidad autónoma del menor trabajan para que este alejamiento del niño sea lo más breve posible y que pueda volver a su núcleo familiar. Únicamente en aquellos supuestos en que no es posible este retorno surge el planteamiento de la adopción. Es decir, la adopción está configurada en el marco jurídico español como la última medida protectora del menor.

En España un niño sólo puede ser adoptado en tres supuestos:

— cuando la filiación es desconocida; es decir, cuando no se conocen los padres biológicos del menor;
— cuando los padres dan su conformidad para la adopción. Los progenitores consienten expresamente en la adopción con su asentimiento o consentimiento;

— cuando los padres están privados de la patria potestad por un juez o están inmersos en causa de privación.

Debido a que sólo pueden ser adoptados los niños que se encuentren en alguno de los supuestos anteriores, se puede decir que los menores que están internos en alguna institución pertenecen a uno de estos dos grupos:

— niños que tienen familia con la que mantienen alguna relación, y para los que la estancia temporal en una familia que los acogiera podría ser mucho más beneficiosa que la estancia en un centro;
— niños con necesidades especiales, que legalmente podrían ser adoptados pero que se alejan de la demanda actual de los solicitantes de una adopción. Son niños de 8 años o más, con grados diferentes de minusvalía física o psíquica, pertenecientes a otro grupo étnico, con alguna enfermedad recuperable o irrecuperable.

Requisitos personales de la adopción

• Adoptante:
Puede ser solicitante de adopción una sola persona o dos personas de manera conjunta. El primer supuesto se denomina *adopción individual*, y el segundo *adopción conjunta*.

Tanto en el supuesto de adopción individual como conjunta se exigen una serie de requisitos personales:

a) Es necesaria una capacidad jurídica especial. El Código civil español establece que para ser adoptante es requisito indispensable ser mayor de 25 años. La existencia de este requisito se funda en la finalidad de la adopción: la protección del menor desamparado. Se requiere determinada madurez en el adoptante que le permita asumir derechos y obligaciones que afectan a un menor al que debe procurar un entorno material y afectivo equilibrado.

En la adopción conjunta, basta con que uno de los adoptantes haya alcanzado los 25 años de edad, tanto en matrimonios como en parejas de hecho. Por el contrario, el Código civil no establece una edad máxima para ser adoptante, ni tampoco una diferencia máxima de años entre este y el adoptado. Sin embargo, en la normativa autonómica es muy frecuente que se tenga en cuenta cuál es la edad de los adoptantes para fijar la idoneidad de los mismos. De todas maneras, estos criterios de selección han de ser considerados como una medida administrativa, que no está incluida en ninguna disposición legal de rango superior.

b) Junto a la capacidad especial, para ser sujeto adoptante es necesario estar en pleno ejercicio de los derechos civiles, es decir, lo que se entiende como «tener capacidad de obrar». Por tanto, un incapacitado no puede adoptar, siempre que la sentencia de incapacitación alcance a la adopción. Esta limitación legal se encuentra regulada igualmente en la legislación administrativa, puesto que a los solicitantes de adopción se les someterá a numerosos exámenes y pruebas para acreditar esa capacidad.

c) Por último, existen una serie de requisitos que son los denominados «de carácter administrativo». Estos hacen referencia a circunstancias personales, familiares, sociales y económicas, y se establecen mediante reglamento.

📖 **¿Quién puede ser adoptante según el ordenamiento jurídico español?**

📖 Podrán ser adoptantes las personas mayores de 25 años que tengan plena capacidad, es decir, que una sentencia judicial no haya limitado su capacidad.

• Adoptado:

Sólo se requiere capacidad jurídica, es decir, ser persona. Esta condición la tiene todo ser humano desde su nacimiento. Sin embargo, no cabe la adopción del denominado jurídicamente *nasciturus* («el que va a nacer»), porque la madre no puede dar el asentimiento de la adopción hasta 30 días después del parto.

No se precisa la capacidad de obrar, sino que, al contrario, para evitar abusos y fraudes, sólo cabe la adopción de menores no emancipados. Es decir, que los únicos requisitos exigibles al adoptado son ser persona y no ser mayor de edad ni estar emancipado. Sólo puede adoptarse a un menor de edad emancipado o a un mayor de edad cuando inmediatamente antes de la adopción hubiese existido una situación no interrumpida de acogimiento o convivencia, iniciada antes de que el adoptado hubiese cumplido 14 años. En este caso no se precisa de la propuesta previa por parte de la Administración como sucede en el resto de casos.

• Requisito común a adoptante y adoptado:
Existe en el Código civil español una condición que debe cumplirse entre adoptante y adoptado: para poder adoptar debe haber una diferencia mínima de edad entre ambos de 14 años. Este requisito encuentra su justificación en la intención de aproximar

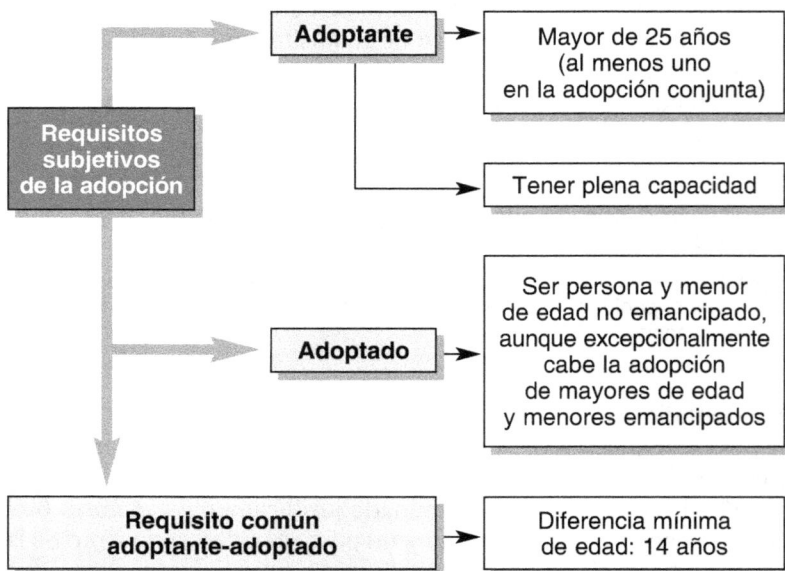

```
                          ┌──────────────┐     Mayor de 25 años
                          │  Adoptante   │──▶  (al menos uno
                          └──────────────┘     en la adopción conjunta)
┌──────────────────┐
│   Requisitos      │
│   subjetivos      │          ──────────▶     Tener plena capacidad
│ de la adopción    │
└──────────────────┘
                                                Ser persona y menor
                                                de edad no emancipado,
                          ┌──────────────┐     aunque excepcionalmente
                          │  Adoptado    │──▶  cabe la adopción
                          └──────────────┘     de mayores de edad
                                                y menores emancipados

    ┌──────────────────────┐
    │   Requisito común     │     Diferencia mínima
    │ adoptante-adoptado    │──▶  de edad: 14 años
    └──────────────────────┘
```

al máximo la filiación adoptiva a la biológica, considerando la madurez biológica de los individuos para procrear. Se pretende que la familia adoptiva integre al menor en su seno como si se tratara de cualquier otro hijo biológico y que no pudiera parecer que por razones de edad aquel nuevo miembro familiar no es un hijo natural.

La adopción en parejas de hecho y homosexuales

En algunos países existen registros de parejas del mismo sexo, pero la mayoría de estos países niegan específicamente el derecho a adoptar a estas personas.

En nuestro país, el Código civil permite la adopción a las parejas de hecho, pero únicamente cuando estas parejas están integradas por un hombre y una mujer.

La legislación sobre la regulación y registro de parejas de hecho aparece diversificada a lo largo del territorio español por las distintas comunidades autónomas. La primera comunidad que aprobó una ley al respecto fue Cataluña, en octubre de 1998. Mediante esta ley, reguló los derechos y obligaciones de estas parejas, y situó en igualdad de derechos hereditarios a parejas heterosexuales y homosexuales.

Le siguió a la ley catalana la ley de la Comunidad de Aragón, en el año 1999; esta ley regula las obligaciones y derechos de las parejas estables no casadas, sin hacer distinción entre parejas heterosexuales y homosexuales, pero no permite la adopción por parte de estas últimas.

El cambio más novedoso se produjo con la ley de Navarra, denominada Ley Foral para la Igualdad Jurídica de las Parejas Estables: esta ley sí permite la adopción de niños por parejas del mismo sexo.

La Comunidad Valenciana aprobó también una ley de parejas de hecho en marzo de 2001, que otorga a las parejas inscritas en el Registro los mismos derechos que a los matrimonios para aquellas materias que son competencia de la propia comunidad.

La proliferación de leyes en esta materia hace pensar que los derechos de las parejas de hecho, homosexuales o heterosexuales y los matrimonios pueden llegar a igualarse en un futuro cercano. Hasta la fecha sólo la Comunidad Foral de Navarra iguala por completo a las parejas homosexuales y a los matrimonios en materia de adopción. Sin embargo, aunque esto se hiciera extensivo a todo el territorio nacional, no hay que olvidar que serviría sólo para la adopción de un niño o una niña españoles, ya que, cuando se desea adoptar un menor de otro país, hay que cumplir también los requisitos exigidos por las leyes del país de origen del menor.

Las prohibiciones expresas del Código civil

El Código civil prohíbe expresamente la adopción a algunas personas aunque estas reúnan las condiciones explicadas en el apartado anterior. Es decir, aunque cumplan los requisitos establecidos en el Código civil no pueden ser adoptantes o adoptados al encontrarse en una situación determinada que se entiende incompatible con la adopción. Por lo tanto, junto a los requisitos subjetivos se incluyen una serie de prohibiciones expresas. Se prohíbe adoptar:

• A un descendiente, ya que se produciría un conflicto de filiaciones, que no tienen sentido por la igualdad que el Código civil otorga a la filiación por naturaleza y por adopción. Así, por ejemplo, no cabe la posibilidad de adopción entre abuelos y nieto. Si no estuviera establecido de esta manera, podría darse la situación de que un tío y un sobrino fueran también hermanos.

• A un pariente en segundo grado de la línea colateral por consanguinidad o afinidad. No se admite una relación de filiación adoptiva con la persona con la que ya se tienen vínculos de parentesco tan próximos que son incompatibles con los de la filiación. De esta manera, no cabe la adopción entre hermanos ni cuñados. Pero sí cabe la posibilidad de adopción de tío a sobrino, ya que en este supuesto se trataría del tercer grado de consanguinidad.

Ejemplo de la familia Rodríguez

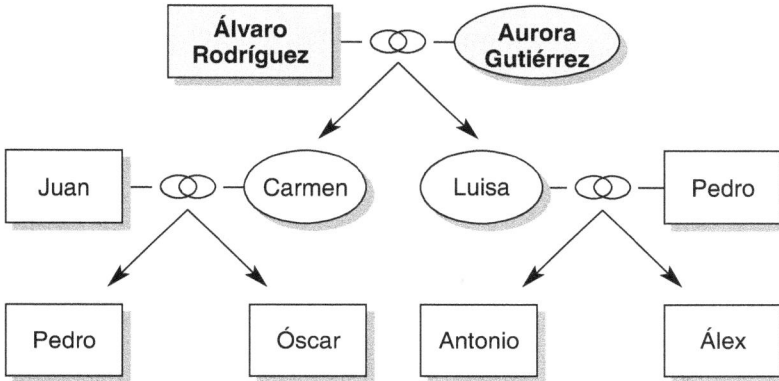

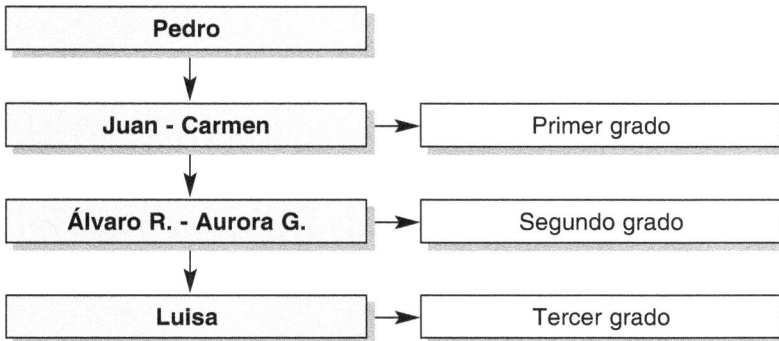

```
        Álvaro          Aurora
       Rodríguez    ─CO─  Gutiérrez

  Juan ─CO─ Carmen      Luisa ─CO─ Pedro

  Pedro      Óscar    Antonio      Álex
```

```
        Pedro
          ↓
    Juan - Carmen      →    Primer grado
          ↓
  Álvaro R. - Aurora G.    →    Segundo grado
          ↓
        Luisa            →    Tercer grado
```

• A un pupilo por su tutor hasta que haya sido aprobada definitivamente la cuenta general justificada de la tutela. Su fundamento es la protección de los intereses de la persona tutelada. Esta prohibición fue creada con la intención de dotar a los pupilos de mayor protección, evitando así posibles fraudes.

La adopción *post mortem*

Si el adoptante falleciera, todavía podría constituirse la adopción si este hubiera otorgado ante el juez su consentimiento, pero la adopción sólo tendrá efecto en los casos siguientes:

— el menor es huérfano y pariente del adoptante en tercer grado por consanguinidad o afinidad, por ejemplo tío y sobrino;
— el menor es hijo de la pareja del adoptante;
— el menor lleva más de un año acogido legalmente o bajo la tutela del adoptante.

En cuanto a los efectos que produce esta adopción, es importante resaltar que se entiende que nacen en el momento en que el

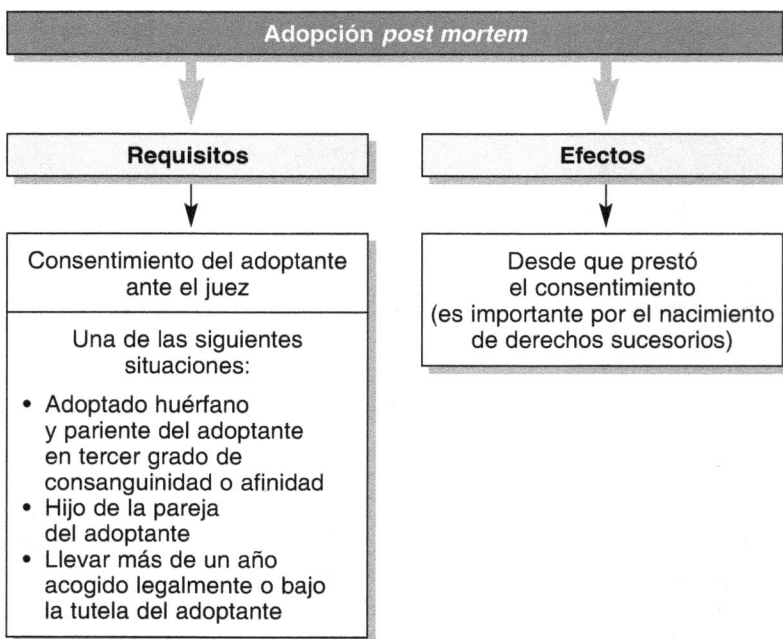

Adopción *post mortem*	
Requisitos	**Efectos**
Consentimiento del adoptante ante el juez	Desde que prestó el consentimiento (es importante por el nacimiento de derechos sucesorios)
Una de las siguientes situaciones: • Adoptado huérfano y pariente del adoptante en tercer grado de consanguinidad o afinidad • Hijo de la pareja del adoptante • Llevar más de un año acogido legalmente o bajo la tutela del adoptante	

adoptante dio el consentimiento; este hecho adquiere gran trascendencia a efectos sucesorios, puesto que, de no ser así, los derechos del adoptado no se respetarían en lo relativo a la herencia del adoptante y a otras circunstancias en las que pudiera ser llamado por la nueva situación de parentesco creada.

El expediente administrativo de adopción

Las entidades de las comunidades autónomas que tienen competencias en materia de menores deberán encargarse de los trámites previos a la adopción, elaborando un informe que remitirán a la autoridad judicial para que se establezca la adopción definitiva. Este informe, que finalizará con la propuesta de adopción, se formulará una vez constituido el acogimiento preadoptivo y emitido el informe técnico sobre la integración del menor acogido en su nueva familia. En el caso de que se hubiera establecido un acogimiento simple, esta propuesta deberá indicar y demostrar la imposibilidad de retorno del menor con la familia de origen. Así pues, antes de la propuesta de adopción se produce lo siguiente:

— acogimiento preadoptivo;
— informe técnico sobre la integración del menor en la familia de acogida.

Antes de establecerse el acogimiento preadoptivo, los futuros adoptantes participan en un proceso de selección en el cual serán evaluados sobre aspectos psíquicos y sociales, lo que les permitirá obtener el correspondiente *informe de idoneidad*.

En algunas leyes autonómicas sobre protección de menores, se establece mediante reglamento el procedimiento a seguir para la valoración de los solicitantes de adopción, así como las condiciones personales, familiares, sociales y económicas que han de concurrir en los interesados para poder ser declarados idóneos.

Estos reglamentos fijan las circunstancias que deberán tener en consideración los equipos técnicos competentes para la valoración de la familia o persona que quiera adoptar, como puede ser la salud física y psíquica que permita la adecuada atención del menor, la estabilidad en la relación con la pareja, la situación económica, etc. También queda establecido en ellos cuál será el proceso de estudio y valoración de la persona que solicita adoptar. Este proceso suele ser coincidente en las diferentes comunidades autónomas en los puntos que se describen a continuación:

— sesiones informativas y formativas. Son un primer acercamiento a lo que supone la adopción. Se proporciona información general y se suelen responder preguntas de los asistentes al término de la sesión;
— un mínimo de dos entrevistas, de las cuales al menos una será realizada por un trabajador social, y otra, por un psicólogo del equipo técnico competente;
— visita domiciliaria;
— cuestionarios y pruebas psicotécnicas.

Como ha quedado dicho anteriormente, en la propuesta de adopción efectuada por la Administración debe incluirse el denominado *informe psicotécnico*. Este informe, que debe ser fruto del proceso establecido en el reglamento de la comunidad autónoma, valorará una serie de aspectos que servirán para declarar a los adoptantes idóneos o no. Su contenido básico es el siguiente:

• Actitud y comportamiento durante las entrevistas:

— nivel de tolerancia a la situación de examen, actitud ante la introspección y la reflexión sobre sí mismos;
— estilos de comunicación verbal y no verbal;
— nivel de elaboración de las respuestas.

• Motivación para la adopción:

— decisión de adoptar: quién, cuándo, por qué y cómo;
— duelo por la infertilidad, y elaboración o resolución del mismo;

— nivel de acuerdo entre los miembros de la pareja, nivel de implicación de cada uno y de ambos en el proyecto de adopción;
— exposición de los motivos que les llevaron a decidir entre la adopción nacional y la internacional. Elección de país (en su caso): por qué y conocimiento que se tiene del mismo;
— opinión y grado de implicación en el proyecto de adopción por parte de toda la familia y personas significativas con las que se relacionan. Consecuencias futuras en la relación con la nueva familia, posibles problemas en la integración del menor que pueden surgir si existe oposición de aquellos y estrategias para solucionarlos.

• Perfil individual de cada uno de los solicitantes:

— perfil psicológico individual, tendencias y características de personalidad;
— historia de crisis y problemas y modos de afrontarlos;
— capacidad de adaptación y flexibilidad ante el cambio;
— motivaciones e intereses;
— autoestima, concepto de uno mismo.

• Historia de pareja y relación actual:

— desarrollo evolutivo de la relación de pareja, incluyendo los posibles episodios de crisis y la resolución de los mismos;
— características personales, nivel de acuerdo entre ambos, valores y aspectos que desearían cambiar;
— interacción habitual, nivel de dependencia o de fusión;
— áreas de tensión o conflicto y aspectos gratificantes y satisfactorios de la relación;
— distribución de competencias y responsabilidades.

• Capacidades educativas:

— experiencia personal previa, educación recibida (familia, amigos, escuela...), valoración de la misma;

— valores, creencias y principios educativos;
— temores, inquietudes, problemas de comportamiento que preo-
cupan y capacidad para afrontarlos;
— estrategias para resolver problemas educativos y posibles dis-
crepancias en la pareja;
— experiencia en la crianza o educación de niños.

• Estilo de vida familiar:

— genograma, historia de las familias de origen de ambos solicitantes, vivencias, crisis relevantes y maneras de afrontarlas, tra-
yectoria individual y lugar que se ocupa. Figuras de autoridad.
Antecedentes y situación actual de salud;
— lugar de residencia de los familiares de los solicitantes y estilo
de las transacciones e interacciones con ellos;
— experiencias familiares en el mundo de la adopción;
— pertenencia a grupos organizados: actividades, finalidad, tiempo dedicado, aspectos gratificantes y problemáticos;
— relación con grupos informales, amigos, vecinos y familiares: actividades, tiempo dedicado, apoyos, confianza, aspectos gratificantes y problemáticos de cada relación;
— actividades de ocio y tiempo libre, aficiones;
— actividades ocupacionales y laborales: distribución de tiempos y
disponibilidad para atender las necesidades ante la venida de
un nuevo miembro en su familia;
— cómo cree la pareja que va a cambiar la entrada de un niño en
el sistema familiar.

• Actitud hacia la familia de origen y el pasado del niño:

— conocimiento sobre los motivos de abandono y valoración que
la pareja realiza;
— creencias sobre la influencia del origen y de la historia anterior
del niño, sobre la relación entre herencia y medio;
— expectativas sobre posibles dificultades que se pueden presentar en la integración familiar;

— actitud hacia la revelación de la condición de adoptado de su hijo: nivel de comprensión de lo que ello implica, grado de preparación y capacidad para afrontarlo, capacidad para pedir ayuda exterior.

• Disponibilidad:

— características deseadas y aquellas totalmente excluidas acerca del menor, explicación de los motivos;
— capacidad para aproximarse a expectativas más realistas acerca de cuáles son las características de los niños en situación de ser adoptados;
— comprensión de la necesidad de concreción del proyecto de adopción: qué niño desean y para qué niño se sienten capaces de ser padres. Qué nivel de dificultad podrían asumir.

• Salud física y cobertura sanitaria:

— estado de salud, enfermedades o discapacidades de los solicitantes y sus familias. Repercusiones ante la adopción de un niño;
— consumo habitual de fármacos;
— cobertura sanitaria.

• Situación económica y laboral:

— nivel de estudios, profesión, empresa para la que trabajan, puesto de trabajo actual, antigüedad, horario, salario, aspiraciones y nivel de satisfacción en el trabajo;
— otros ingresos adicionales;
— situación económica general.

• Características de la vivienda y su entorno:

— tipo de vivienda, régimen de tenencia, condiciones de habitabilidad y servicios comunitarios, etc.;
— otras viviendas o propiedades familiares.

En los reglamentos de las distintas comunidades autónomas también quedan establecidas qué etapas pasarán los futuros adoptantes en su busca del informe de idoneidad.

A título de ejemplo se indica a continuación cuál es el proceso que deberán seguir los solicitantes en Andalucía.

• *La solicitud:* se realiza en la Delegación Provincial de la Consejería de Asuntos Sociales. De esta delegación se obtiene una primera información que ayuda a perfilar la decisión y a concretar o modificar la solicitud. De todas formas, esta decisión inicial puede modificarse posteriormente a lo largo del tiempo de espera, por lo que se trata de una decisión de partida, pero no irreversible.

• *Información y formación:* conllevan aspectos que son comunes a la adopción nacional y a la adopción internacional, pero existen otros que son específicos del tipo de adopción de que se trate.

• *Evaluación psicológica y social:* determina la capacidad de los solicitantes para ser padres adoptivos y valora si la adopción que se plantean es la más indicada a sus circunstancias. La evaluación implica entrevistas y visitas domiciliarias, así como cualquier otro componente que los profesionales consideren oportuno.

Cuando la valoración final es positiva, que es lo que ocurre con mayor frecuencia, los solicitantes deben esperar a que el organismo administrativo competente de su comunidad autónoma remita una propuesta concreta de adopción. Si tal propuesta es aceptada, el niño o los niños pasarán a vivir con su nueva familia en régimen de acogimiento preadoptivo hasta que culmine la realización de los trámites jurídicos que darán lugar a la adopción propiamente dicha.

En el supuesto de que la valoración final concluya con una resolución desfavorable, de no idoneidad, se podrá impugnar ante el juzgado, o bien los interesados podrán formular una nueva solicitud una vez que acrediten haber superado los motivos que dieron lugar a la valoración negativa.

El procedimiento judicial de adopción

En materia de adopción, como sucede en general en toda la parte no patrimonial del derecho de familia, la voluntad de las partes está muy limitada. No se trata de lo que las partes quieren, sino de lo que es mejor para el menor. La adopción se constituye por decisión judicial, en la que el juez valorará si esa medida es conveniente para el niño.

La propuesta de adopción de la autoridad competente

La adopción se constituye por resolución judicial, pero se necesita un requisito previo, que es, salvo excepciones, la *propuesta*.

De esta manera, se establece que para iniciar el expediente de adopción es necesaria la propuesta previa de la entidad pública competente en cada comunidad a favor del adoptante o adoptantes. Dicha entidad, situada en la comunidad autónoma de residencia de los solicitantes, habrá declarado idóneos a los solicitantes para el ejercicio de la patria potestad, y tendrá encomendada la protección de los menores en esa comunidad.

La propuesta se formulará una vez constituido el acogimiento preadopivo y emitido el informe sobre la integración del menor.

Si el acogimiento establecido inicialmente no era preadoptivo, y posteriormente se ha comprobado la imposibilidad del retorno del menor a su familia biológica, también podrá presentarse propuesta de adopción, pero deberá quedar demostrada dicha imposibilidad de retorno del menor a su familia biológica.

El contenido de la propuesta será el siguiente:

• Deberá constar la idoneidad razonada de las personas que quieren adoptar atendiendo a las circunstancias personales, sociales, familiares, económicas y a su actitud educadora.

• El último domicilio, si es conocido, de los padres, tutores o guardadores del menor. Esto permitirá que sean citados en el expediente para que sean oídos y presten su asentimiento a la adopción. El organismo administrativo deberá intentar por todos los medios conocer este último domicilio, evitando que por el hecho de que no puedan ser citados se produzca la extinción del proceso.

• En la propuesta deberá acompañarse también el asentimiento del cónyuge del adoptante, en el caso de que sólo optara él a la adopción, y también deberá constar el asentimiento de los padres o guardadores del menor. La forma de prestar este asentimiento podrá ser ante la propia entidad administrativa, en documento público, o bien ante el juez que lleve el proceso. Si no ha sido posible localizar a los padres biológicos, tiene que constar en la propuesta de la Administración.

Junto a la propuesta se deberá adjuntar la documentación necesaria para acreditar lo expuesto en los tres puntos anteriores y toda aquella que pudiera considerarse necesaria.

☐ **¿En qué supuestos no es necesaria la propuesta previa de la entidad administrativa competente para adoptar?**

☐ Cuando el adoptado es huérfano y pariente del adoptante, es hijo del cónyuge del adoptante, lleva más de un año acogido legalmente, es mayor de edad o está emancipado.

El inicio del expediente de adopción a instancia de los solicitantes

Aunque en el Código civil se establece que para iniciar el expediente de adopción es necesaria la propuesta por parte del organismo administrativo competente, también se enumeran excepciones a este supuesto. Así pues, no será necesaria tal propuesta y el adoptante podrá iniciar los trámites cuando en el menor concurra alguna de las circunstancias siguientes:

• Ser huérfano y pariente del adoptante en tercer grado por consanguinidad o afinidad. Es decir, es indiferente que el vínculo sea con un pariente biológico o político, pues en ambos supuestos se establece el mismo límite en cuanto al grado.

• Ser hijo del consorte del adoptante.

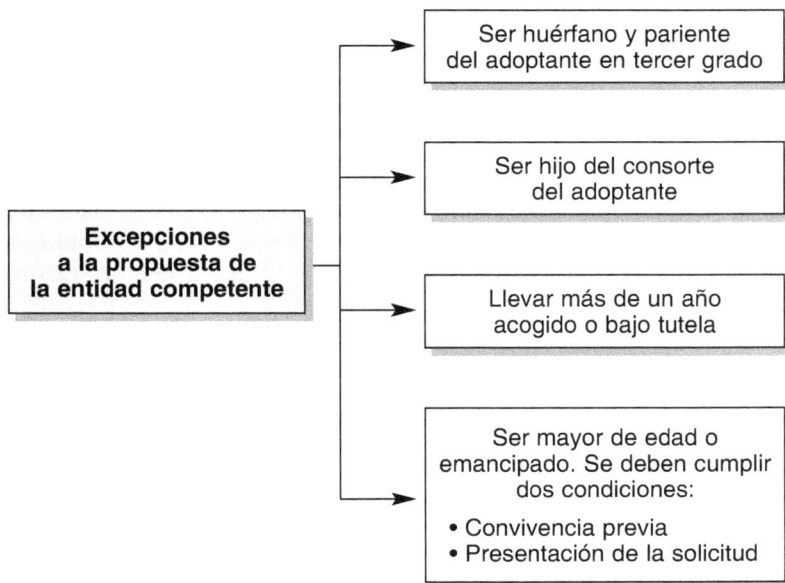

• Llevar más de un año acogido legalmente en acogimiento prea-doptivo o haber estado bajo su tutela el mismo tiempo.

• Ser mayor de edad o menor emancipado, aunque sólo se puede adoptar a un mayor de edad o a un menor emancipado si previa-mente ha habido una situación de acogimiento o convivencia.

Estas excepciones tienen en común que parten de una situa-ción de convivencia previa entre adoptante y adoptado.

Las declaraciones de voluntad en la constitución de la adopción

Las declaraciones de voluntad en la adopción son el consenti-miento, el asentimiento y la audiencia de los interesados.

Para que se produzca la adopción se precisa que varias personas manifiesten distintas voluntades. Según quien deba emitir la decla-ración de voluntad, la ley le atribuye distinto valor. De esta circuns-tancia deriva la distinción terminológica entre *consentimiento, asen-timiento* y *audiencia*.

• *El consentimiento.* Por lo que se refiere al consentimiento, se en-tiende que es una declaración de voluntad imprescindible para que pueda producirse la adopción. Esta manifestación de voluntad es requerida a aquellas personas que van a ser titulares de la adopción, es decir, adoptantes y adoptado.

La declaración de voluntad del menor, expresando su intención de constituir la adopción, no será necesaria cuando sea menor de doce años y no tenga capacidad natural.

El consentimiento de los sujetos titulares de la adopción podrá prestarse de una de estas tres formas:

— ante la entidad administrativa que realizará la propuesta de adop-ción;

MODELO DE SOLICITUD DE ADOPCIÓN JUDICIAL

SOLICITUD DE ADOPCIÓN

ILMO./A. SR./A. DIRECTOR/A GENERAL DE PROTECCIÓN DEL MENOR Y LA FAMILIA

DON ....
y DOÑA ....
mayores de edad, nacidos los días ....y........................
respectivamente, de profesiones ....y........................
vecinos de ...., con domicilio en ....
.... n.º........... y n.º de teléfono......................
y titulares de los DNI n.º................................ y........................
respectivamente.

EXPONEN:
Que reuniendo las condiciones exigidas en el Código civil y las disposiciones concordantes para adoptar a un menor, acompañando a la presente los documentos requeridos al dorso e indicando qué menor o menores desean adoptar, especificando, al respecto,
1. Edad del menor o menores:..
2. Disposición para aceptar grupos de hermanos o menores con dificultades o circunstancias especiales:

SOLICITAN:
Que, previos los trámites pertinentes, se acuerde la incoación del oportuno Expediente de Adopción y, previa Declaración de Idoneidad de los solicitantes, en su momento se proponga a la autoridad judicial la oportuna propuesta de adopción.

En ...., a .... de .... de ....

Fdo.:   Fdo.:

— mediante documento público (ante notario);

— ante el juez. En algún reglamento autonómico que regula el procedimiento de adopción, tan sólo se acepta esta última forma de declaración.

No cabría en ningún caso la declaración de voluntad de los titulares de la adopción manifestada a través de representantes.

El adoptado mayor de doce años tiene que consentir la adopción para que esta pueda ser constituida válidamente. Esta manifestación la deberá hacer directamente sin representante puesto que, en caso de tener representación legal la ostentarían los padres o el tutor, y estos sujetos deberán intervenir en el procedimiento de adopción prestando asentimiento o simplemente siendo oídos.

En caso de que el menor tuviera más de doce años pero careciera de *capacidad natural*, surge la pregunta de cuál deberá ser la intervención del adoptado en el procedimiento judicial de adopción. La respuesta está bastante clara en el supuesto de que el adoptado se encontrara incapacitado judicialmente, debido a que en la propia sentencia quedaría determinada la capacidad del sujeto y, por lo tanto, los actos que puede realizar ya estarán establecidos en la misma, correspondiendo al juez determinar si el menor debe consentir, asentir, ser oído o simplemente no debe ni comparecer. Sin embargo, el problema surge cuando el adoptado no está incapacitado judicialmente en el momento de constituirse la adopción pero no cuenta con capacidad natural. En este caso le corresponderá al juez, tras el preceptivo examen forense, decidir sobre la declaración de voluntad necesaria para la adopción. En cualquier caso, parece claro que el juez puede constituirla válidamente sin obtener el consentimiento, en virtud del argumento de que no será necesaria la audiencia del menor de doce años cuando carece de juicio suficiente.

• *El asentimiento.* Es una declaración de aceptación de una relación jurídica, que han de realizar los padres del adoptado y el cónyuge del adoptante, a cuyos intereses afecta la adopción, aunque estos no formarán parte de la relación jurídica de filiación que se constituye.

Es importante destacar que el asentimiento del cónyuge es únicamente necesario en aquellos matrimonios en los cuales un miembro adopta y el otro no, simplemente asiente. La necesidad de este asentimiento no se produce en los casos en que haya separación de hecho o judicial de la pareja.

El asentimiento del cónyuge del adoptante es necesario, puesto que la adopción va a tener para él consecuencias en el ámbito personal y patrimonial, pero, sobre todo, se exige con la finalidad de garantizar una buena acogida del menor en la familia del adoptante.

Los padres del adoptado menor no emancipado deberán asentir en caso de haber cumplido los deberes que configuran la patria potestad. No se requerirá si están privados de ella o incursos en causa legal para tal privación. El asentimiento de los padres que no están privados de la patria potestad es el requisito para formalizar la adopción que plantea más problemas. Estas dificultades aparecen en la valoración de las circunstancias que pueden impedir a los padres manifestar o no su asentimiento y, por tanto, realizar una oposición eficaz a la adopción de su hijo.

En cuanto al asentimiento de la madre, recibe un tratamiento especial en el Código civil, puesto que únicamente se le permite prestarlo a partir de los treinta días después del parto, con el objeto de asegurar que ha tenido tiempo de pensar sobre una cuestión tan importante después de haberse recuperado del alumbramiento.

Al contrario de lo que sucede con el consentimiento, que es imprescindible para que pueda producirse la adopción, si falta el asentimiento podrá constituirse igualmente, en el supuesto de que los que debieran prestarlo se encuentren imposibilitados.

El término *imposibilidad* se entiende para aquellos casos en que ha sido imposible conocer el domicilio de los que debieran asentir, e igualmente se refiere también a aquellas situaciones de incapacidad legal o de hecho causadas por enfermedad permanente que les impiden prestar su manifestación de voluntad.

La ley establece que, a excepción de los supuestos expuestos en el párrafo anterior, siempre deberán asentir las personas indicadas, pues en caso contrario se produciría la nulidad de la adopción.

• *La audiencia de los interesados*. Aparte de los consentimientos y asentimientos, el juez también deberá oír a las personas que determina el Código civil, cuya opinión no vincula al juez pero es un trámite necesario.

El Código civil establece que deberán ser oídos por el juez:

— los padres que no hayan sido privados de la patria potestad cuando su asentimiento no fuera necesario para la adopción. Este es el caso de los padres que están incursos en causa de privación pero aún no privados de ella por sentencia, o cuando el hijo está emancipado;
— el tutor y, en su caso, el guardador;
— el adoptado menor de 12 años si tuviera suficiente juicio;
— la entidad pública a fin de apreciar la idoneidad del adoptante cuando el adoptando lleve más de un año legalmente acogido por aquel.

Además de todas estas audiencias, el juez podrá llamar a todas aquellas personas que considere conveniente. No se hace mención en la ley a los abuelos del menor y tampoco a los hijos de los adoptantes, futuros hermanos del adoptado.

Por otra parte, en el llamamiento o citación que el juez realiza a estas personas debe expresar por qué se les cita, para proporcionar a los interesados posibilidad de impugnación de esta citación.

Estas declaraciones de voluntades deberán realizarse, a partir de la entrada en vigor de la nueva Ley de Enjuiciamiento Civil, por los trámites establecidos para el *juicio verbal*. En esta ley se establece el procedimiento para determinar la necesidad de asentimiento en la adopción. Señala que los padres que pretendan que se reconozca la necesidad de su asentimiento para la adopción podrán comparecer ante el tribunal que esté tramitando el expediente y manifestarlo así. Entonces, el tribunal señalará el plazo que prudencialmente estime necesario para la presentación de la demanda, que no podrá ser inferior a veinte días ni exceder de cuarenta. Presentada la misma, se tramitará como un juicio verbal.

En resumen, el acto de juicio transcurrirá de la siguiente manera:

a) Los actores, en este caso los padres biológicos o las personas que ostenten la patria potestad del menor, se afirmarán y ratificarán en lo contenido en su demanda.

b) El demandado, entidad administrativa, contestará la demanda de forma oral.

c) Se abre la prueba. El actor y el organismo administrativo citarán los medios probatorios solicitados.

d) El juez señalará cuáles admite y cuáles no.

e) Finalizada la prueba, no hay réplica ni conclusiones.

f) El juez decidirá.

Esta es una breve exposición de la manera en que habrá de desarrollarse un procedimiento de adopción judicial cuando exista oposición a la propuesta administrativa.

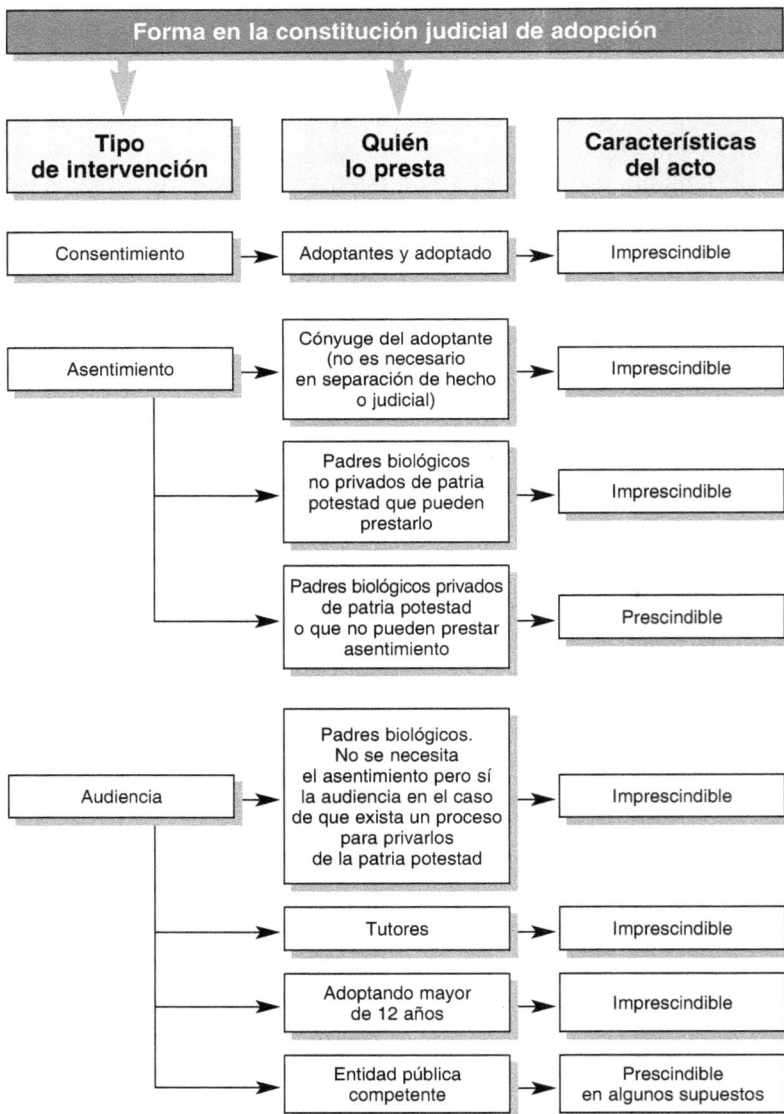

Forma en la constitución judicial de adopción

Tipo de intervención	Quién lo presta	Características del acto
Consentimiento	Adoptantes y adoptado	Imprescindible
Asentimiento	Cónyuge del adoptante (no es necesario en separación de hecho o judicial)	Imprescindible
	Padres biológicos no privados de patria potestad que pueden prestarlo	Imprescindible
	Padres biológicos privados de patria potestad o que no pueden prestar asentimiento	Prescindible
Audiencia	Padres biológicos. No se necesita el asentimiento pero sí la audiencia en el caso de que exista un proceso para privarlos de la patria potestad	Imprescindible
	Tutores	Imprescindible
	Adoptando mayor de 12 años	Imprescindible
	Entidad pública competente	Prescindible en algunos supuestos

Los efectos de la adopción

Integración del menor en la familia adoptiva

La adopción conlleva la integración del menor en la familia adoptiva. Es decir, que esta nueva filiación no surtirá únicamente efectos entre adoptante y adoptado, sino también en el resto de miembros de la familia del primero. Así pues, el adoptado será hermano de los hijos del adoptante, nieto de los padres del adoptante, etc.

En el Código civil actual existe una equiparación total entre la llamada *filiación por naturaleza* y la *filiación adoptiva*. A consecuencia de esta total equiparación, una adopción comporta la aparición de un impedimento matrimonial entre el adoptado y algún miembro de la familia del adoptante en la línea recta, pero no en la línea colateral. Por lo tanto, el adoptado no podrá casarse con su padre adoptivo, pero sí con su hermano adoptivo.

La incorporación del menor adoptado a la nueva familia comporta lo siguiente:

— el adoptado adquiere los apellidos del adoptante o adoptantes. En cuanto se constituya judicialmente la adopción, el adoptado perderá sus apellidos y adquirirá los apellidos de sus nuevos padres;
— la obligación de prestar alimentos por parte del adoptante;
— la adquisición de los derechos sucesorios.

Además, en caso de ser extranjero el adoptado también adquirirá:

— la nacionalidad española. Si es mayor de edad, no adquiere la nacionalidad de forma automática, sino que podrá optar a ella en los dos años siguientes a su adopción;
— la vecindad civil del adoptante.

Estos efectos tendrán lugar desde la firmeza de la resolución judicial que formaliza la adopción, a excepción de la adopción *post mortem*; en ese caso, los efectos se retrotraen al momento en que se prestó el consentimiento.

Extinción de los vínculos con la familia biológica

La regla general es que con la adopción se rompen las relaciones jurídicas que tenía el adoptado con su familia de origen. En consecuencia, los padres biológicos pierden la patria potestad, desaparece el derecho de alimentos y se pierden los derechos sucesorios. Lo mismo ocurre si la familia anterior era también una familia adoptiva. Por el contrario, los impedimentos matrimoniales con la familia biológica permanecen, ya que están basados en la relación biológica más que en la jurídica.

Sin embargo, existen ciertas excepciones a esa regla general, basadas en motivos afectivos. Así, subsisten los vínculos jurídicos con la familia paterna o materna según el caso, en dos supuestos:

— cuando el adoptado sea hijo del cónyuge del adoptante, aunque el consorte hubiera fallecido. En este caso no se considera necesaria la ruptura de los vínculos que pudiera tener el adoptado con el resto de la familia;
— cuando sólo uno de los progenitores haya sido legalmente determinado (reconocido como tal por la ley) y el adoptante sea persona de distinto sexo al de dicho progenitor. Pero sólo se producirá a instancia de los interesados; es decir, siempre que

tal efecto hubiese sido solicitado por el adoptante, el adoptado mayor de 12 años y el padre o madre cuyo vínculo haya de existir. Este supuesto responde a la intención de equiparar la solu-

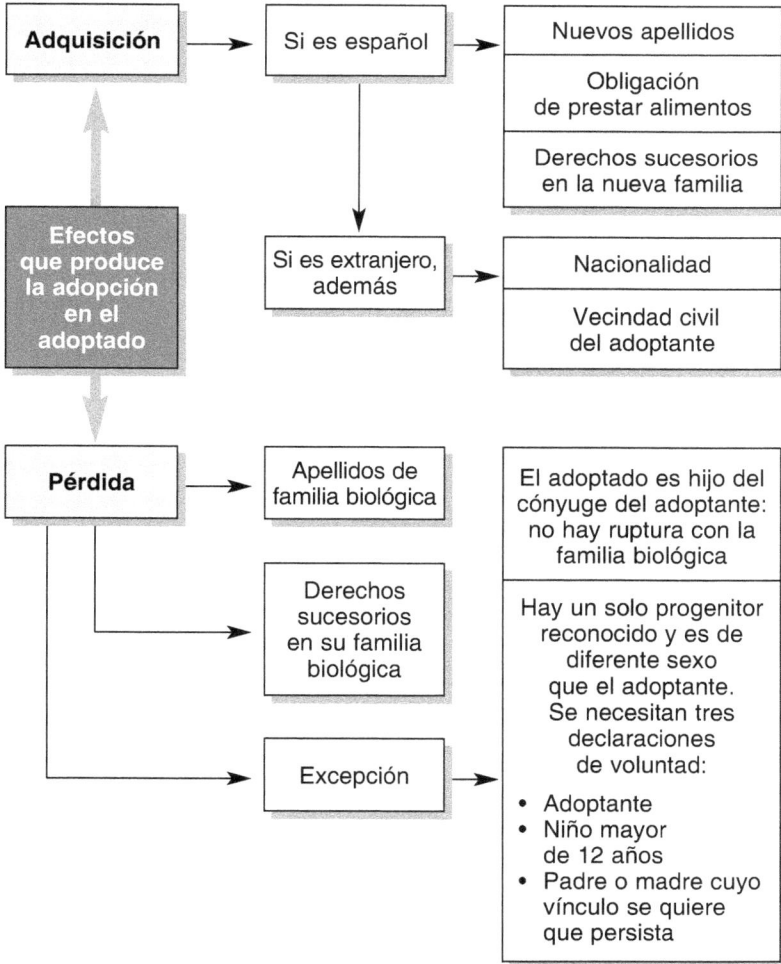

Adquisición	→ Si es español	→	Nuevos apellidos
			Obligación de prestar alimentos
			Derechos sucesorios en la nueva familia

Efectos que produce la adopción en el adoptado

Si es extranjero, además	→	Nacionalidad
		Vecindad civil del adoptante

Pérdida	→ Apellidos de familia biológica		El adoptado es hijo del cónyuge del adoptante: no hay ruptura con la familia biológica
	→ Derechos sucesorios en su familia biológica		Hay un solo progenitor reconocido y es de diferente sexo que el adoptante. Se necesitan tres declaraciones de voluntad:
	→ Excepción	→	• Adoptante • Niño mayor de 12 años • Padre o madre cuyo vínculo se quiere que persista

ción prevista para el hijo del cónyuge, con el caso del hijo de la pareja de hecho. Sin embargo, podrá aplicarse a otros supuestos distintos del de la pareja de hecho.

En conclusión: hay tres condiciones que deberán cumplirse para que no se rompan los vínculos paternos o maternos:

— que sólo uno de los progenitores haya sido legalmente determinado. Esta paternidad puede haber sido determinada judicialmente contra la voluntad del progenitor;
— que el adoptante y el progenitor sean personas de sexo distinto. Esto se establece para evitar que, como consecuencia de la adopción, el adoptado tenga dos padres o dos madres. No es preciso que adoptante y progenitor convivan;
— que soliciten la subsistencia de los vínculos el adoptante, el adoptado mayor de 12 años y el progenitor cuyos vínculos se quiere que persistan.

Exclusión de los efectos de la adopción

En el caso de que el adoptante lleve a cabo alguna de las conductas que constituyen causa de privación de la patria potestad, puede quedar privado de los derechos que le correspondan por ley respecto del menor y sus descendientes, es decir, alimentos y derechos sucesorios.

En materia sucesoria, el Código civil establece que el adoptante pierde los derechos que pudieran corresponderle, es decir, perderá la condición de *legitimario* del adoptado y de los descendientes de este, y no les sucederá *abintestato*, es decir, si no existe testamento. Aunque podrá heredar de todos ellos por vía testamentaria.

Esta privación de la patria potestad, al igual que sucede con los padres biológicos, no exonera al padre adoptivo de la obligación de velar por él y alimentarlo.

Durante el periodo de tiempo de la exclusión se puede producir una nueva adopción.

En el Código civil se establece qué personas se encuentran legitimadas para solicitar la exclusión:

— el adoptado si es mayor de edad y durante los dos años posteriores a la adquisición de la patria potestad;
— el representante legal del adoptado;
— el Ministerio Fiscal.

La rehabilitación del adoptante en el contenido de sus facultades es posible, pero sólo si lo solicita el adoptado plenamente capaz. El tiempo máximo para efectuar esta solicitud no se encuentra establecido por el Código civil. Sin embargo, no podrá rehabilitarse al excluido si se ha practicado una nueva adopción.

Tiene que quedar claro que la exclusión «excluye» al adoptante en los derechos que ostenta sobre el adoptado en virtud de la filiación adoptiva, pero esta exclusión no significa que se produzca una extinción de la adopción.

La extinción de la adopción

El artículo 180 del Código civil declara que la adopción es irrevocable. Sin embargo, conviene aclarar que lo que resulta irrevocable son las declaraciones de voluntad que se manifestaron cuando se formalizó la adopción, y no la propia adopción. Es decir, en el supuesto de que existiera una revocación de las declaraciones de voluntad que se emitieron en el proceso, estas no causarían ningún efecto legal.

En el artículo del Código civil mencionado en el párrafo anterior, queda establecida una causa de extinción de la adopción. Para que esto pueda ocurrir tiene que suceder lo siguiente:

— que lo soliciten los padres biológicos del menor adoptado;
— que estos no comparecieran en el procedimiento de constitución legal de adopción, con independencia del concepto en el que intervinieran en el expediente;

— que no comparecieran por causa ajena a su culpa. Se entiende que hay culpa por incomparecencia voluntaria o culpa inexcusable.

Si se produjera lo indicado anteriormente, no se producirá automáticamente la extinción, sino que deben apreciarse otro tipo de circunstancias para que llegue a producirse:

— que no hayan transcurrido más de dos años desde la constitución de la adopción;
— que el juez lo estime beneficioso para el menor.

La extinción de la adopción conlleva que desaparezcan los vínculos jurídicos creados entre el adoptado y la familia del adoptante. Cesan los impedimentos matrimoniales que surgieron con la adopción, se pierde el derecho a alimentos, los derechos sucesorios y los apellidos del adoptante.

Por el contrario, en lo que se refiere a nacionalidad, vecindad civil y efectos patrimoniales, el Código civil establece su irretroactividad y, por lo tanto, se mantendrán las transmisiones de bienes y derechos que se hubieran efectuado.

Por último, como consecuencia de la extinción se cancelará el asiento de adopción en el Registro Civil.

**REQUISITOS QUE HAN DE CUMPLIRSE PARA QUE SE EXTINGA
UNA ADOPCIÓN VÁLIDAMENTE CONSTITUIDA**

a) Que lo soliciten los padres biológicos del menor adoptado.
b) Que estos no comparecieran en el juicio de constitución de la adopción.
c) Que no comparecieran por causa ajena a su culpa.
d) Que no hayan transcurrido dos años desde la constitución de la adopción hasta la solicitud de extinción.
e) Que el juez considere que es beneficioso para el menor.

La adopción internacional

Concepto

Se denomina *adopción internacional* a aquella que se produce cuando una persona o pareja de un país determinado adopta a un menor o grupo de menores abandonados, o en situación de abandono, de otro país que tiene leyes y costumbres diferentes a las del país de los adoptantes.

Si se tiene en cuenta lo expuesto, cuando se lleva a cabo este tipo de adopción hay que acogerse a los requisitos legales del país que se haya elegido para adoptar al menor, pero también se deberán cumplir los requisitos establecidos en el país del solicitante.

Normativa aplicable a la adopción internacional

A continuación se exponen aquellas normas que se deben tener en consideración al llevar a cabo una adopción internacional:

• *Convención de las Naciones Unidas sobre los Derechos del Niño, de 20 de noviembre de 1989 celebrada en Nueva York (BOE núm. 313, de 1 de diciembre de 1990).* Fue el marco legal que obligó a los Estados a reglamentar detalladamente la adopción y a asumir la obligación de atender al interés del menor como elemento primordial. Señala que los Estados que permiten la adopción:

— cuidarán de que el interés superior del niño sea la consideración primordial;
— velarán para que la adopción del niño sólo sea autorizada por las entidades competentes;
— reconocerán que la adopción en otro país puede ser considerada como otro medio de cuidar del niño, en el caso de que este no pueda ser colocado en un hogar de guarda o entregado a una familia adoptiva y no pueda ser atendido de manera adecuada en el país de origen;
— velarán por que el niño que haya de ser adoptado en otro país goce de salvaguardias y normas equivalentes a las existentes respecto de la adopción en el país de origen;
— tomarán todas las medidas necesarias para garantizar que, en el caso de adopción en otro país, el proceso no dé lugar a beneficios económicos indebidos para quienes participan en él;
— promoverán, cuando corresponda, la concertación de acuerdos bilaterales o multilaterales, y se esforzarán, dentro de este marco, por garantizar que la colocación del niño en otro país se efectúe por medio de las autoridades u organismos competentes.

• *Convenio de La Haya, de 29 de mayo de 1993, ratificado por España en fecha 27 de marzo de 1995 y en vigor desde el 1 de noviembre del mismo año.* Está inspirado en el Convenio de la Naciones Unidas sobre los Derechos del Niño, y en él se establece como filosofía universal lo siguiente: todos los niños tienen derecho a crecer en el seno de una familia y conservar los vínculos con su grupo de origen, y solamente cuando esto no sea posible, la adopción llevada a cabo por extranjeros podrá considerarse un beneficio para el menor.

Este convenio tiene una gran trascendencia, ya que con él se asentaron las bases que regulan la adopción internacional y que influyeron en la modificación de las leyes internas para su acomodación a los principios del convenio en cuanto al reconocimiento y adecuación de las adopciones en el extranjero.

• *Código civil, título preliminar, artículo 9:*

— El carácter y contenido de la filiación, incluida la adoptiva y las relaciones paterno-filiales, se regirán por la legislación determinable según diversos factores y, si esta no pudiera determinarse, se estará a la de la residencia habitual del menor.
— En la adopción constituida por la autoridad extranjera competente regirá la ley propia del menor en cuanto a capacidad y consentimientos necesarios. Los consentimientos exigidos por ley podrán prestarse ante una autoridad del país en que se inició el proceso o, posteriormente, ante cualquier otra autoridad competente. En el caso de la adopción de un español será necesario el consentimiento de la entidad pública correspondiente a la última residencia del adoptando en España.

• *Ley Orgánica de 1/1996, de 15 de enero, de Protección Jurídica del Menor, de modificación parcial del Código civil y de la Ley de Enjuiciamiento Civil (BOE de 17-1-1996).* Señala que la expedición de los certificados de idoneidad y, cuando lo exija el país de origen del adoptando, el compromiso de seguimiento en materia de adopción internacional corresponden a las entidades públicas.

La entidad pública es el órgano competente de la comunidad autónoma en materia de adopción (véase el cuadro de la página 12).
Cada comunidad autónoma ha regulado los criterios para la concesión del certificado de idoneidad, aunque existe una gran coincidencia en todas las comunidades.

Requisitos subjetivos

En el Código civil se establece que para poder adoptar a un menor se necesita:

— tener cumplidos 25 años de edad. En el caso de parejas, al menos uno de ellos debe haber alcanzado dicha edad;

— entre adoptante y adoptado tiene que haber una diferencia mínima de edad de 14 años.

Igualmente, para poder adoptar se necesita que las autoridades o quienes estas designen realicen un estudio psicosocial de la persona o personas solicitantes.

Además, si la opción que se quiere llevar a cabo es la de un menor de otro país, se deberán cumplir los requisitos establecidos por la legislación del país del menor y aquellos otros establecidos en España. Junto a estos requisitos legales existen otros que no se encuentran contemplados en ninguna ley, pero que se tienen en consideración en el momento de valorar la idoneidad de los solicitantes. Son los requisitos incluidos por la Administración en los criterios de selección de los solicitantes y en los reglamentos dispuestos para tales efectos en las distintas comunidades autónomas.

Teniendo en cuenta lo expuesto se puede afirmar que las parejas casadas son las que más posibilidades tienen de adoptar a un menor en otro país. Esto sucede debido a que la mayoría de estos países tienen como religión oficial la católica, y el matrimonio está considerado como un valor a tener en cuenta. En muchos países también se exigen unos años mínimos de matrimonio para evitar uniones cuyo único objetivo sea acelerar el proceso adoptivo.

Los solteros podrán adoptar a un menor cuando cumplan los requisitos establecidos por la ley. Internacionalmente, no existen obstáculos con respecto a personas heterosexuales, pero sí a personas homosexuales. Esta situación ha originado que aquellas personas homosexuales que han logrado adoptar a un menor se hayan visto obligadas a mentir sobre su vida en el momento en que se les estaba

---

☐ **¿Puede ser adoptante internacional una persona soltera?**

☐ Existe la posibilidad de adoptar internacionalmente, pero en muchos países no se admiten solicitudes de personas solteras, y otros aceptan estas solicitudes pero dan preferencia a las parejas casadas.

valorando sobre su aptitud para ser sujetos adoptantes. En China, por ejemplo, se exige que en el informe social y psicológico del solicitante conste expresamente la orientación sexual del mismo.

Hay países donde se permite la adopción por una sola persona. Sin embargo, normalmente se da prioridad a las parejas al realizar las asignaciones de los menores adoptables.

En cuanto a las personas separadas o divorciadas, no existen obstáculos para adoptar. Únicamente hay que considerar que es necesario el consentimiento del cónyuge para llevarla a cabo en los supuestos en que esta separación fuera sólo de hecho, no declarada judicialmente.

Para las personas divorciadas y casadas en segundas nupcias no existe ningún impedimento para que puedan adoptar, aunque, en la práctica, en muchos países en los que no existe el divorcio ese estado civil se valora negativamente.

No suele ser muy habitual, pero en ocasiones existen solicitudes de adopción por parte de personas que padecen algún tipo de discapacidad. En estos casos, y siempre y cuando se valgan por sí mismas, no hay impedimento legal alguno para que puedan llevar a cabo una adopción internacional. En la práctica, sin embargo, existen países en los que la adopción por una persona con minusvalía resulta extremadamente complicada.

El coste económico

Desde el punto de vista jurídico, se puede decir que la adopción internacional es gratuita. Sin embargo, existen una serie de gastos

---

☐ **¿Quién puede solicitar una adopción internacional?**

☐ Dependerá del país donde se pretenda adoptar, debido a que cada país tiene su propia legislación sobre la materia. No existe una unificación completa sobre adopción internacional, tan sólo convenios internacionales que pretenden regularla, aunque hasta el momento no se ha conseguido una plena integración a escala mundial.

que deben ser sufragados por los adoptantes y que suponen un elevado coste. Al plantearse realizar una adopción internacional, habrá de tener en cuenta los siguientes gastos:

• El precio del viaje y la estancia en el país de origen del niño.

• La tramitación del certificado de idoneidad. Este certificado puede obtenerse de tres maneras diferentes:

— Los técnicos de la Administración de cada comunidad autónoma elaboran el informe psicosocial de los solicitantes. En este caso, el certificado será emitido por el organismo administrativo competente de la comunidad autónoma y será gratuito.

— El informe psicosocial es elaborado por psicólogos y trabajadores sociales designados por los colegios profesionales de cada provincia; esto suele costar aproximadamente entre 780 y 1.250 euros. Posteriormente, este informe será trasladado al organismo competente de esa comunidad autónoma para que emita, en su caso, el certificado de idoneidad.

— La elaboración del informe psicosocial es llevada a cabo por psicólogos y trabajadores sociales de unas asociaciones o entidades acreditadas por la comunidad autónoma para realizar dicha función. Suele costar entre 780 y 1.250 euros.

• Como se explica más adelante, existe la posibilidad de tramitar la adopción de forma privada o a través de entidades acreditadas. Si se escoge esta última opción, existirán una serie de gastos por diferentes conceptos, como son la elaboración del expediente, legalización de documentos, traducción de informes, etc., pero no siempre se puede escoger, ya que existen países en que la tramitación a través de estas entidades es obligatoria. Llevando a cabo la adopción internacional de forma privada, sólo se ahorraría el coste de tramitación del expediente.

• Uno de los factores que encarece más el coste de una adopción internacional es la legalización en cadena de la documentación.

- Hay países que exigen un seguimiento después de la adopción, incrementando de esta manera los gastos.

En resumen, actualmente el coste de una adopción internacional en España puede costar entre 7.200 y 20.000 euros.

☐ **¿Qué gastos origina una adopción internacional?**

☐ Los gastos varían ligeramente según el país elegido, pero hay gastos que resultan comunes a todos:

— legalización de documentos;
— traducción de documentos (cuando es un país de lengua no hispana);
— honorarios de los profesionales que intervienen en la adopción, tasas, etc.;
— gastos de viaje y estancia.

La duración del proceso adoptivo

El proceso de adopción internacional resulta muy complejo, como se puede ver en el esquema de la página siguiente.

La duración de un proceso normal de adopción internacional se prolonga entre un año y año y medio.

☐ **¿Cuánto tiempo hay que esperar desde que se solicita la adopción hasta que se constituye legalmente?**

☐ Dependerá del país de origen del menor donde se tramite la adopción. Resulta importante recabar información en la entidad competente de la comunidad autónoma antes de elegir el país del menor.

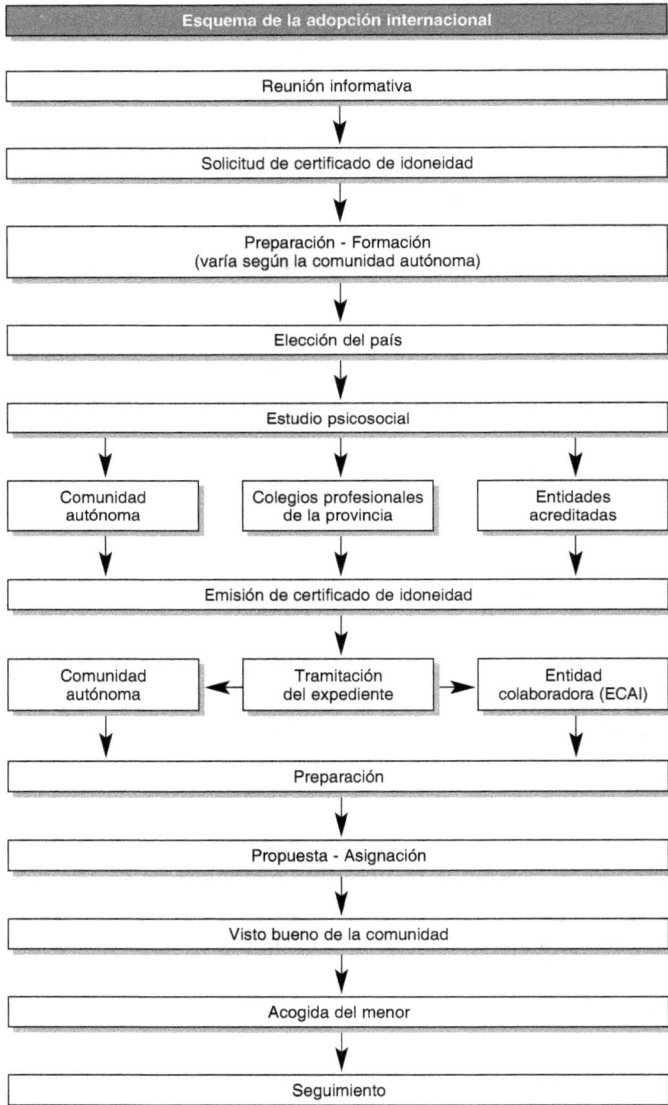

Esquema de la adopción internacional

Reunión informativa

↓

Solicitud de certificado de idoneidad

↓

Preparación - Formación
(varía según la comunidad autónoma)

↓

Elección del país

↓

Estudio psicosocial

↓

| Comunidad autónoma | Colegios profesionales de la provincia | Entidades acreditadas |

↓

Emisión de certificado de idoneidad

↓

| Comunidad autónoma | ← | Tramitación del expediente | → | Entidad colaboradora (ECAI) |

↓

Preparación

↓

Propuesta - Asignación

↓

Visto bueno de la comunidad

↓

Acogida del menor

↓

Seguimiento

El proceso adoptivo internacional en el país del solicitante

Información previa a la solicitud

Cuando alguien decide adoptar, lo primero que deberá hacer es ponerse en contacto con el organismo competente en la materia de su comunidad autónoma, con el fin de solicitar una cita para las reuniones informativas periódicas que suelen ofrecer para los interesados.

En este capítulo se facilita un listado de los organismos competentes en la materia, según la comunidad autónoma en la que se resida.

Los objetivos que se pretenden alcanzar con la realización de las reuniones informativas son: transmitir a las familias una imagen fiel de lo que supone una adopción internacional, centrar la adopción desde el punto de vista de los menores, comentar las leyes que afectan a adoptantes y adoptado tanto a nivel nacional como internacional, explicar el procedimiento y trámites que siguen las adopciones fuera de España y sensibilizar a las familias.

El contenido de estas sesiones informativas consiste, por lo general, en explicar lo siguiente:

— el motivo de la intervención de la Administración en los procesos de adopción;
— los requisitos mínimos que deben cumplir las familias; así se pretende que aquellas personas que no cumplan las condicio-

ORGANISMOS COMPETENTES EN MATERIA DE ADOPCIÓN SEGÚN LA COMUNIDAD AUTÓNOMA DE RESIDENCIA

- Comunidad Autónoma de Andalucía
Consejería de Asuntos Sociales
Dirección General de Infancia y Familia
Avda. Héroes de Toledo, 14 - 41071 Sevilla
Tfno.: 955 048 000
Fax: 955 04 82 34
http://www.junta-andalucía.es
e-mail: cas@cas.junta-andalucia.es

- Comunidad Autónoma de Aragón
Departamento de Sanidad, Bienestar Social y Trabajo
Dirección General de Bienestar Social
Paseo María Agustín, 36 - 50071 Zaragoza
Tfno.: 976 71 50 23
http://www.aragob.es

- Comunidad Autónoma del Principado de Asturias
Consejería de Servicios Sociales
Dirección Regional de Acción Social
General Elorza, 35 - 33001 Oviedo
Tfno.: 985 10 65 39
http://www.princast.es

- Comunidad Autónoma de Baleares
Consejería de Sanidad y Asuntos Sociales
Consell Insular d'Eivissa i Formentera
Edificio Servicios Sociales Cosme Vidal Lláser, s/n - 07800 Ibiza
Tfno.: 971 17 64 00

Presidencia del Consell Insular de Menorca
Consell Insular de Menorca
Camí des Castells, 28 - 07702 Mahón (Menorca)

Área de Bienestar Social
Consell Insular de Mallorca
General Riera, 67, 2.º - 07010 Palma de Mallorca

- COMUNIDAD AUTÓNOMA DE CANARIAS
Consejería de Empleo y Asuntos Sociales
Dirección General de Protección del Menor y la Familia
Avda. San Sebastián, 53 - 38071 Santa Cruz de Tenerife
Tfno.: 922 60 45 22
http://www.gobcan.es

- COMUNIDAD AUTÓNOMA DE CANTABRIA
Consejería de Sanidad, Consumo y Bienestar Social
Dirección General de Bienestar Social
Hernán Cortés 9, 3.ª planta - 39071 Santander
Tfno.: 942 20 77 75
http://www.cantabria.org

- COMUNIDAD AUTÓNOMA DE CASTILLA-LA MANCHA
Consejería de Bienestar Social
Dirección General de Servicios Sociales
Avda. Francia, 4 - 45071 Toledo
Tfno.: 942 20 77 75
http://www.jccm.es

- COMUNIDAD AUTÓNOMA DE CASTILLA Y LEÓN
Consejería de Sanidad y Bienestar Social
Gerencia de Servicios Sociales
Padre Francisco Suárez, 2 - 47071 Valladolid
Tfno.: 983 41 36 00

- COMUNIDAD AUTÓNOMA DE CATALUÑA
Instituto Catalán del Acogimiento y la Adopción
Generalitat de Catalunya
Gran Via de les Corts Catalanes 604, 2.º - 08007 Barcelona
Tfno.: 93 214 01 00
Fax: 93 214 02 41
http://www.gencat.es/justicia/icaa/adpcio.htm

• CIUDAD AUTÓNOMA DE CEUTA
Tiene competencias en protección de menores, pero todavía no se ha
designado autoridad central.

• COMUNIDAD AUTÓNOMA DE EXTREMADURA
Consejería de Bienestar Social
Dirección General de Servicios Sociales Especializados
Paseo de Roma, s/n - 06800 Mérida (Badajoz)
Tfno.: 924 38 53 48
http://www.juntaex.es

• COMUNIDAD AUTÓNOMA DE GALICIA
Consejería de Familia, Mujer y Juventud
Dirección General de la Familia
Edificio San Cayetano, s/n
15771 Santiago de Compostela (La Coruña)
Tfno.: 981 54 56 67
http://www.xunta.es

• COMUNIDAD AUTÓNOMA DE LA RIOJA
Consejería de Salud, Consumo y Bienestar Social
Dirección General de Bienestar Social
Villamediana, 17 - 26071 Logroño
Tfno.: 941 29 11 00
http://www.calarioja.es

• COMUNIDAD AUTÓNOMA DE MADRID
Consejería de Sanidad y Servicios Sociales
Instituto Madrileño del Menor y la Familia
Gran Vía, 14 - 28071 Madrid
Tfnos.: 91 580 37 65
        91 573 38 29
http://www.comadrid.es

• CIUDAD AUTÓNOMA DE MELILLA
Consejería de Bienestar Social y Sanidad
Avda. de la Marina Española, 12 - 52004 Melilla

- COMUNIDAD AUTÓNOMA DE LA REGIÓN DE MURCIA
Consejería de Sanidad y Política Social
Instituto de Servicios Sociales
Alonso Espejo, s/n - 30071 Murcia
Tfno.: 968 36 20 91
http://www.carm.es

- COMUNIDAD FORAL DE NAVARRA
Instituto Navarro de Bienestar Social
Departamento de Bienestar Social, Deporte y Juventud
González Tablas, s/n - 31071 Pamplona
Tfno.: 948 42 69 00

- COMUNIDAD AUTÓNOMA DEL PAÍS VASCO
Departamento de Bienestar Social
Diputación Foral de Álava
General Álava, 10 - 01071 Vitoria
Tfno.: 93 518 18 18

Departamento de Acción Social
Diputación Foral de Vizcaya
Gran Vía, 26 - 48009 Bilbao

Departamento de Servicios Sociales
Diputación Foral de Guipúzcoa
Edificio Txara 11
Paseo Zarategui, 99 - 20015 San Sebastián
http://www.euskadi.net

- COMUNIDAD AUTÓNOMA DE VALENCIA
Consejería de Bienestar Social
Dirección General de la Familia y Adopciones
Paseo de la Alameda, 16 - 46010 Valencia
Tfno.: 96 386 67 50
http://www.gva.es

nes requeridas puedan desistir de su pretensión al principio del procedimiento;
— qué criterios de funcionamiento sigue la comunidad autónoma donde se solicita la adopción, por ejemplo: quién realizará el informe psicosocial, qué se va a valorar, cómo se realizará el estudio, etc.;
— los aspectos psicosociales y culturales de los menores susceptibles de adopción en los distintos países extranjeros a los que se puede acudir para solicitarla;
— el procedimiento y las fases que deberán seguir a lo largo del proceso. Se explicarán también conceptos como por ejemplo el certificado de idoneidad, la preasignación, el Convenio de La Haya, etcétera;
— las implicaciones legales de la adopción;
— instituciones, organismos y entidades que participan o colaboran con las administraciones y las competencias de cada una de ellas;
— información básica de los países extranjeros en los que se pueden tramitar adopciones.

La periodicidad de estas reuniones informativas varía según la comunidad autónoma, pero suele haber, como mínimo, una cada quince días.

Los ponentes que participan en estas sesiones suelen ser profesionales del área de adopciones de la comunidad, normalmente asistentes sociales o psicólogos.

La duración de estas reuniones suele ser de entre una hora y una hora y media aproximadamente, y suelen estar organizadas para grupos, porque de esta manera se intenta fomentar un clima participativo y enriquecedor para los asistentes.

Al final de las reuniones informativas se suele proceder a entregar a los interesados diversos folletos informativos que explican los aspectos fundamentales de la adopción, la solicitud del certificado de idoneidad, varios cuestionarios y el listado de las entidades colaboradoras acreditadas en la comunidad autónoma correspondiente.

◻ **¿Cuál es el primer paso para tramitar una adopción internacional?**

◻ En primer lugar, habrá que dirigirse a los Servicios de Menores de las comunidades autónomas y de la Dirección General del Menor y la Familia del Ministerio de Asuntos Sociales. Allí se informa de las características de la adopción en la legislación del país elegido y se orienta sobre las posibilidades de que se consiga. En segundo lugar, habrá que presentar la solicitud del certificado de idoneidad y la documentación requerida.

La elección del país en el que se pretende adoptar

En la solicitud del certificado de idoneidad suele pedirse a los adoptantes que elijan el país en el que pretenden adoptar. Esta decisión todavía no es vinculante pero resulta muy trascendente, puesto que el informe psicosocial se realizará teniendo en cuenta este aspecto tan importante. Por lo tanto, los solicitantes estarán a tiempo de variar su decisión hasta el inicio del mencionado informe.

El motivo por el que la Administración solicita la elección del país en una fase tan temprana del proceso adoptivo tiene su justificación en el hecho de que una persona puede reunir una serie de características consideradas como favorables para la adopción de un menor en un país como Rumanía por ejemplo, y no, en cambio, en Guatemala, debido a que las características del niño del primer país permitirían un buen acoplamiento entre adoptante y adoptado, y no así en el caso de Guatemala.

Hay algunos aspectos importantes que se deben tener en consideración antes de la elección del país:

— que exista organismo oficial con competencia para tramitar adopciones internacionales. En los países firmantes del Convenio de La Haya se encuentran identificados en el contenido del mismo;

— que el país acepte solicitudes de adopción de familias extranjeras, pues pueden haberse cerrado las listas que permiten acceder a una adopción;

— que la adopción en el país sea compatible con la legislación española. En España, el tipo de adopción regulada es la denominada *adopción plena*. Sus efectos producen la extinción de cualquier vínculo entre el menor y la familia biológica. Sin embargo, existe otro tipo de adopción, la llamada *adopción simple*, cuyos efectos no provocan la desvinculación entre el adoptante o adoptantes y el menor. Antes de elegir el país, conviene conocer el tipo de adopción que se lleva a cabo en ese país, ya que si es simple, el proceso adoptivo puede prolongarse más tiempo, porque necesita de un nuevo procedimiento judicial cuando el menor ya se encuentra en España;

— las características étnicas, culturales, idioma, los aspectos psicosociales de los menores. Resulta fundamental recabar la máxima información concerniente al origen de ese niño, ya que nos ayudará a conocer y entender los problemas de adaptación que puedan surgir;

— el tiempo de estancia en el país del menor. Normalmente, en aquellos países que exigen un periodo previo de acoplamiento entre adoptante y adoptado, se requiere más tiempo de permanencia en el país que aquellos que no lo tienen regulado;

— los criterios de aceptación de las solicitudes de adopción, por ejemplo: si se aceptan solicitudes de personas solteras, de personas con hijos, etc.;

— la forma de tramitación, mediante entidades colaboradoras o no;

— el tiempo de espera.

La presentación de la solicitud del certificado de idoneidad

El certificado de idoneidad es un documento clave en el proceso de adopción internacional. Consiste en una resolución administrativa sin la cual no es posible iniciar un procedimiento de adopción, ya que en España una adopción no será reconocida como tal mientras la entidad pública competente no haya declarado la idoneidad del adoptante.

Este concepto de idoneidad tiene que ser interpretado con el resto de normas del ordenamiento jurídico. Si se considera de esta manera, son idóneas para adoptar aquellas personas que puedan velar por sus hijos, tenerlos en su compañía, alimentarlos, educarlos, procurarles una formación integral, representarlos y administrar sus bienes. Por lo tanto, no hace falta investigar sobre rasgos personales de los padres adoptivos o características determinadas para otorgar el mencionado certificado. La única exigencia de la ley en este sentido es que se constate la capacitación de los adoptantes para asumir los deberes que supone la patria potestad.

Esta valoración de la capacitación de los adoptantes es asumida, según la Ley Orgánica de Protección Jurídica del Menor, por la entidad pública correspondiente de la comunidad autónoma de los solicitantes. El proceso para emitir o denegar el certificado de idoneidad es el mismo para la adopción nacional e internacional.

Las comunidades autónomas son, en última instancia, quienes emiten el certificado de idoneidad, pero no siempre el proceso de estudio es asumido directamente por el órgano que tiene esta competencia. En ocasiones, se encarga a los colegios profesionales de la provincia, y en ciertas comunidades autónomas elaboran el estudio determinadas entidades colaboradoras de la Administración.

Presentada la solicitud para obtener el certificado en el organismo competente de la comunidad donde residen los solicitantes, este los remitirá a sus propios profesionales, a los colegios profesionales correspondientes (TIPAI) o a las entidades colaboradoras de la Administración para ser valorados como padres adoptivos.

La existencia de estas tres vías para realizar el estudio de capacitación de los solicitantes ha comportado bastante polémica ya que, según la comunidad en la que se resida, el tiempo de espera hasta que se obtiene es muy variado, y el coste económico puede ser cero o rondar los mil euros.

Tras realizar un breve análisis comparativo de los procesos de obtención del certificado de idoneidad en las comunidades autónomas de nuestro país, se observa cómo, a grandes rasgos, las diferencias entre estas comunidades estriban en el periodo de obtención del certificado y el coste del mismo. De esta manera, por ejemplo en Cataluña, la elaboración del informe psicosocial lo hace una entidad colaboradora de la Generalitat que está debidamente acreditada. El periodo de obtención del certificado en esta comunidad está en torno a los ocho meses. Sin embargo, se puede considerar el coste bastante elevado si lo comparamos con el coste cero que supone para los residentes en la comunidad autónoma de Aragón.

En la comunidad autónoma de Madrid el informe psicosocial puede ser realizado por TIPAI (Turno de Intervención de los colegios profesionales) o por miembros de la Administración de la propia comunidad. La diferencia por obtener el certificado a través de TIPAI, en cuanto al tiempo o al coste, es importante. Así, a través de TIPAI cuesta 660 euros, 0 euros a través de la Administración, y el tiempo varía de 1 mes por TIPAI a 6 meses, aproximadamente, si lo realiza la Administración.

☐ **¿Qué es el TIPAI?**

☐ Es el Turno de Intervención Profesional para la Adopción Internacional. Estos colegios de psicólogos y trabajadores sociales están formados por profesionales en el ámbito de la adopción. Elaboran informes psicológicos y sociales para la obtención del certificado de idoneidad.

Es importante destacar que quienes emiten el certificado no son las entidades colaboradoras ni los colegios profesionales: ellos solamente entregan el informe. El certificado siempre será emitido por los organismos oficiales de las comunidades. Las diferencias están en la rapidez de elaboración del informe psicosocial, no en la emisión del certificado. Si se obtuviera el informe al mismo tiempo, las fechas de los certificados serían coincidentes o casi coincidentes. Una vez obtenido el informe, la emisión del certificado varía de mes y medio a dos meses.

Cuadro comparativo sobre la obtención del informe psicosocial

Profesionales de la Administración		
	Gratuito	Mayor tiempo de espera

Colegios profesionales provinciales		
	Mínimo tiempo de espera	No gratuito

Entidades colaboradoras		
	Mínimo tiempo de espera	No gratuito

Ventajas	Desventajas

¿Qué es el informe psicosocial?

El informe psicosocial es un documento elaborado por psicólogos y trabajadores sociales con una amplia experiencia en el ámbito de la adopción. Las personas que quieren adoptar a un menor en España o en el extranjero tienen que pasar por una serie de entrevistas con estos profesionales con el fin de que decidan si los consideran o no aptos para ser sujetos de adopción.

Los criterios de valoración de los adoptantes

Aparte del contenido del informe psicosocial, al que ya se ha hecho referencia anteriormente, es conveniente indicar aquellos criterios que siguen las diferentes comunidades autónomas para emitir o no el certificado de idoneidad. Estos criterios pueden tener carácter excluyente, en el sentido de que la presencia de un determinado factor en los solicitantes llevará automáticamente al órgano competente a emitir una resolución desfavorable, o bien, pueden tener el carácter de criterio general u orientativo, ya que la decisión de cada caso concreto se realizará tras un análisis de visión de conjunto y aptitudes de cada solicitante.

- Como criterios generales de valoración positiva, se tendrán en cuenta:

— las características psicosociales de los solicitantes, valorando positivamente la estabilidad y madurez emocional que permitan el desarrollo armónico del niño;
— la existencia de motivaciones y actitudes adecuadas para la adopción;
— la actitud estable y positiva de la pareja, en el supuesto de adopciones conjuntas;
— la aptitud básica para la educación del menor.

- Se valorarán negativamente y con carácter excluyente factores como:

— la existencia de psicopatología en alguno de sus miembros, es decir, el hecho de que algún solicitante padezca algún tipo de enfermedad mental;
— la existencia de motivaciones inadecuadas. La motivación para la adopción se centra en el niño en sí mismo, no caben otras motivaciones como resolver una patología o desajuste en la pareja, tener un heredero, medio de promover una causa social, sustituir un hijo fallecido;

— los desajustes graves en la relación entre los futuros adoptantes;
— la existencia de elevados niveles de estrés sin perspectiva de cambio;
— la oposición a adoptar de alguno de los miembros de la pareja;
— el rechazo a asumir los riesgos inherentes a la adopción, así como la presencia de expectativas rígidas respecto al niño y a su origen sociofamiliar.

• Se valorarán negativamente, aunque no tendrán carácter excluyente, los siguientes:

— condiciones de salud física: se valorará en qué medida determinados problemas de salud pueden afectar al proceso de adopción y la crianza de un menor;
— la existencia en el seno familiar de personas que requieran la atención de los solicitantes y cuyas condiciones de autonomía pueden representar una carga incompatible con la adecuada atención del niño adoptado.

La obtención del certificado de idoneidad

Una vez realizado el estudio psicosocial de los solicitantes, el organismo de la comunidad autónoma que sea competente en la materia deberá emitir resolución favorable o desfavorable al respecto.

• En el caso de que sea favorable y se emita el certificado de idoneidad, este nos servirá para iniciar los trámites de adopción en el país extranjero.

Es fundamental saber que en el certificado de idoneidad se establecerá que la persona o pareja es idónea para adoptar a un menor de un intervalo de edad determinado. Esto quiere decir que se podría solicitar la adopción de un menor pero sólo de la edad para la que se nos ha declarado idóneos. Puede haber parejas que soliciten la idoneidad para adoptar a un niño de hasta dos años y que le otorguen la idoneidad para adoptar a un menor de dos a cuatro años, y puede que el país de origen que se ha decidido acepte la idoneidad hasta cuatro años. Así, tras comprobar que el país aceptaría una idoneidad de hasta cuatro años, se podría solicitar a la comunidad que rectifique el certificado en este sentido.

Para evitar esta situación, cada vez más las autoridades están aceptando declarar idóneos a los solicitantes sin especificar la edad del menor que se va a adoptar. De este modo, las autoridades del país de origen del menor serán quienes decidan la edad en función de lo que aparece en el informe psicosocial.

• Si la resolución del órgano administrativo competente es desfavorable a la emisión del certificado de idoneidad, se puede impugnar sobre la base de lo establecido en la Ley de Enjuiciamiento Civil. En cualquier caso, hay que decir que las personas declaradas no idóneas para adoptar son muy pocas.

En el procedimiento de emisión de esta resolución administrativa debe observarse lo contenido en la Ley de Procedimiento Administrativo, que establece como garantías del ciudadano lo siguiente:

— puede conocer, en cualquier momento, el estado de la tramitación de los procedimientos en los que tenga condición de interesado y obtener copias de los documentos que están contenidos en ellas;
— identificar a las autoridades y al personal al servicio de las Administraciones públicas bajo cuya responsabilidad se tramiten los procedimientos;
— obtener copia sellada de los documentos que presenten, aportándola junto con los originales, así como la devolución de estos, salvo cuando los originales deban obrar en el procedimiento;
— utilizar las lenguas oficiales en el territorio de su comunidad autónoma;
— formular alegaciones y aportar documentos en cualquier fase del procedimiento anterior al trámite de audiencia que habrán de ser tenidos en cuenta por el órgano competente al redactar la propuesta de resolución;

— no presentar documentos no exigidos por las normas aplicables o que ya se encuentren en poder de la Administración;
— obtener información y orientación acerca de los requisitos jurídicos o técnicos que las disposiciones vigentes impongan a los proyectos, actuaciones o solicitudes que se propongan realizar;
— acceder a los registros y archivos de las Administraciones públicas en los términos previstos en la Constitución o en las demás leyes;
— ser tratados con respeto y deferencia por las autoridades y funcionarios;
— exigir las responsabilidades de las Administraciones públicas y del personal a su servicio cuando así corresponda legalmente;
— cualesquiera otros que les reconozca la Constitución y las leyes.

Los cursos de formación

Están proliferando en muchas comunidades autónomas la creación de cursos de formación dirigidos a futuros padres adoptivos. Esta reciente implantación, cada vez más generalizada en España, funciona desde hace algún tiempo en algunos países europeos con un éxito notable en cuanto a la adaptación de adoptantes y adoptado. Se accede a ellos tras haber obtenido el certificado de idoneidad.

La paternidad o maternidad adoptiva es diferente de la biológica, entre otras causas por las siguientes:

• La paternidad o maternidad biológica supone una decisión unilateral, mientras que en la paternidad o maternidad adoptiva la Administración es responsable del niño que va a entregar.

• Hay aspectos muy especiales en la construcción del vínculo afectivo entre los padres adoptivos y su hijo que los diferencian de los vínculos biológicos; es el caso de la historia vivida por el niño antes de la adopción, que constituye una etapa llena de sentimientos, emociones y experiencias negativas y que, indudablemente, va a marcar la adaptación a su nuevo núcleo familiar.

• Hay que afrontar adecuadamente el tema de la *revelación*, del descubrimiento del niño de su propia condición de adoptado.

Los aspectos anteriormente expuestos originan, de no ser convenientemente abordados, los fracasos en la adopción y, como responsabilidad que la Administración tiene, deben arbitrarse los mecanismos necesarios para su prevención.

Los cursos de formación tienen como finalidad proporcionar toda aquella información y preparación necesaria para conseguir que cada proyecto de adopción sea un éxito. Hay que destacar como objetivos esenciales los siguientes:

— ayudar a los candidatos a explorar la naturaleza de la paternidad/maternidad adoptiva y a comprender sus propios sentimientos sobre ello, así como las principales dificultades que pueden presentarse en las relaciones adoptivas;
— facilitar a los candidatos la realización de una valoración de sus propias motivaciones, de sus necesidades y de sus capacidades;
— proporcionar a los candidatos una formación en las habilidades necesarias para la educación de un niño adoptado.

En los cursos de formación se abordan los grandes temas de la adopción: la motivación para la adopción, la paternidad/maternidad biológica y adoptiva, el duelo del niño adoptado y del adoptante, la familia de origen de los menores, etc.

El objetivo de abordar estas cuestiones no es otro que facilitar a los futuros padres y madres aquellas habilidades necesarias para la educación de sus hijos adoptados, siempre desde el profundo respeto a su proyecto de vida y de adopción, y a través de una metodología participativa que conduzca a la reflexión particular de cada solicitante de adopción.

El proceso adoptivo internacional en el país del menor

La tramitación de una adopción internacional sin intervención de entidades colaboradoras de la Administración

Tras haber sido declarados idóneos por el organismo competente de la comunidad autónoma de residencia de los adoptantes, estos tienen dos alternativas en la tramitación de su expediente de adopción internacional:

• Pueden decidir tramitar su expediente enviándolo al organismo oficial del país elegido vía organismo oficial de la comunidad autónoma.

• Una vez que la Administración ha comunicado a los adoptantes la idoneidad, estos expresarán por escrito con qué Entidad Colaboradora en Adopción Internacional (ECAI) desean que le sea tramitado su expediente.

A pesar de que en teoría existen estas dos opciones, en numerosas ocasiones no existe la posibilidad de elección, debido a que en algunos países sólo cabe la adopción a través de las entidades colaboradoras de la Administración. Por este motivo, antes de iniciar todo el proceso de adopción se realizan las reuniones informativas por parte de los organismos oficiales de las comunidades autónomas, puesto que las decisiones iniciales pueden determinar la manera de actuar en toda la tramitación posterior.

Si existe la posibilidad de elegir y se opta por iniciar la tramitación de la adopción internacional sin la intervención de una entidad colaboradora debidamente autorizada, hay que saber que se necesita representación legal en el país del menor, es decir, que para poder realizar las gestiones pertinentes en el país elegido se tiene que autorizar a alguna persona para que se encargue de los trámites. Esto es así porque la adopción acabará formalizándose ante un órgano judicial del país del adoptado.

El procedimiento normal cuando se elige la adopción sin intervención de una ECAI es que el organismo competente de la comunidad autónoma dé traslado del expediente al Ministerio de Trabajo y Asuntos Sociales, y este lo remita a la autoridad del país de origen del menor. Sin embargo, antes de remitir este expediente hay que realizar legalizaciones de documentación y autenticación de firmas con la finalidad de conseguir que todo el proceso de una adopción internacional goce de una transparencia absoluta.

Las ventajas de haber optado por una adopción internacional sin la intervención de entidades colaboradoras son relativas, al igual que si la opción elegida ha sido a través de entidades acreditadas. Sin embargo, en el supuesto de que se realicen los trámites sin que aparezca ningún contratiempo, la mayor ventaja es, sin duda, el coste económico. Al fin y al cabo, nadie debe pagar nada por adoptar a un menor, y si nos ahorramos el trabajo encargado a mediadores, a profesionales de la gestión, los gastos originados por la intervención de estas personas disminuirán los costes de la tramitación. Esto no quiere decir que el proceso de adopción internacional realizado de esta manera no tenga ningún coste, ya que habrá legalización de documentos notariales, tasas de autenticación de los documentos, traducciones juradas, honorarios de abogados en el país de origen, desplazamientos y estancias en el país, tasas judiciales y administrativas, etc.

Otra ventaja de llevar a término la adopción de forma privada es que el proceso adoptivo depende de nosotros y del abogado en el país que hayamos elegido, y no de terceras personas o entidades.

Un inconveniente de esta modalidad de tramitación es que los solicitantes de adopción deberán buscar toda la documentación necesaria para el expediente, y realizarán varias visitas al organismo competente de la comunidad autónoma para solventar contratiempos que puedan ir surgiendo.

Hay que tener en cuenta que, en algunas ocasiones, los representantes legales del país del menor han solicitado poderes notariales a los adoptantes, que después han sido utilizados para adquirir compromisos económicos que no estaban previstos en un principio. Por lo tanto, se recomienda solicitar referencias del representante elegido y que los poderes otorgados alcancen sólo a aquello estrictamente necesario para formalizar la adopción.

A pesar de las desventajas comentadas en los párrafos precedentes, el mayor inconveniente es la falta de información, por lo que resulta más difícil controlar que el proceso sea transparente y legal, y en el caso de que aparezca alguna irregularidad en el proceso de adopción que conlleve a una situación ilegal, no habrá ninguna posibilidad de reclamar.

La adopción internacional a través de entidades colaboradoras de la Administración

La Ley Orgánica de Protección Jurídica del Menor incluyó la regulación en España de las agencias de adopción internacional, denominadas ECAI (entidades colaboradoras en adopción internacional). Estas agencias colaboradoras actúan como mediadoras sin ánimo de lucro y son acreditadas por las comunidades autónomas correspondientes, así como por el país de origen de los niños susceptibles de adopción.

La atribución de funciones públicas a estas entidades en una materia tan delicada como es la que afecta a menores obedece fundamentalmente a dos razones: se consigue, por un lado, control por parte de la Administración en los procesos de adopción internacional, y por otro, dar respuesta y salida al actual número de solicitudes de adopción internacional con totales garantías de legalidad, moralidad y máxima agilidad en los trámites.

En ningún caso recibirán, y esto es fundamental, retribuciones por la tramitación realizada, sólo los gastos justificados de las gestiones para el mantenimiento de la entidad.

☐ **¿Qué es una ECAI?**

☐ Es una entidad colaboradora en adopción internacional, comúnmente llamada *agencia de adopción internacional*. La Ley Orgánica de Protección Jurídica del Menor incluye su regularización en España. Estas agencias colaboradoras deberán actuar como mediadoras sin ánimo de lucro y estar acreditadas por las comunidades autónomas correspondientes, así como por el país de origen del menor.

Para obtener de las autoridades competentes la preceptiva autorización, las ECAI deben reunir una serie de requisitos exigidos por la ley:

— ser entidades sin ánimo de lucro;
— deben defender la protección de los menores;
— han de estar inscritas en el registro correspondiente;
— tienen que disponer de los medios materiales y equipos necesarios para el desarrollo de las funciones encomendadas;
— habrán de ser dirigidas por personas cualificadas por su integridad moral y por su formación en el ámbito de la adopción internacional.

Las funciones que estas entidades colaboradoras desarrollan en España y en el país de origen del menor son diferentes. En España sus funciones serán:

— informar a los solicitantes sobre la normativa que se aplica, los requisitos, los trámites y las características de los menores respecto al país en concreto de adopción;

— tramitar y gestionar el expediente de adopción: autenticación y legalización de documentos;
— apoyar y formar a los futuros padres. Con esta función se cubre el tiempo de espera y se prepara a los padres con el objetivo de que la futura adopción sea totalmente satisfactoria por ambas partes;
— informar sobre la cultura y el entorno social del futuro hijo, pues facilitará la integración del niño cuando se encuentre en su nueva familia;
— apoyar a la familia en el periodo de seguimiento tras la adopción.

En cuanto a la función que las ECAI desarrollan en el país del menor, se centrará en el nombramiento de aquella persona que debe actuar en ese país en representación de los adoptantes. Por este motivo, sus funciones serán:

— presentación del expediente en el organismo competente y seguimiento del mismo;
— acompañamiento a los solicitantes desde el momento en que llegan al país y durante su estancia en los trámites relacionados con la adopción.

Las ventajas de adoptar a través de una entidad colaboradora son muchas, pero se pueden destacar las siguientes:

— al disponer de un representante en el país del menor, normalmente ofrecen una mayor información y más actualizada que cualquier Administración;
— a veces los futuros padres adoptivos pueden saber lo que les va a costar el proceso adoptivo y la forma en que deben pagarlo;
— sabrán el tiempo de estancia en el país de origen del menor y tendrán mayores facilidades durante la estancia en el país;
— antes del proceso de adopción, las ECAI suelen ofrecer cursos de preparación y formación a los solicitantes, lo que resulta fundamental para saber en qué va a consistir ser padres adoptivos.

Por el contrario, también existen desventajas si se escoge adoptar a través de una ECAI:

— la obligación de adoptar a través de ellas porque lo exija la comunidad autónoma o el país de origen;
— supone forzosamente hacer los cursos de formación y seguimiento, ya que, en caso de oposición, la agencia puede solicitar el archivo del expediente de adopción.

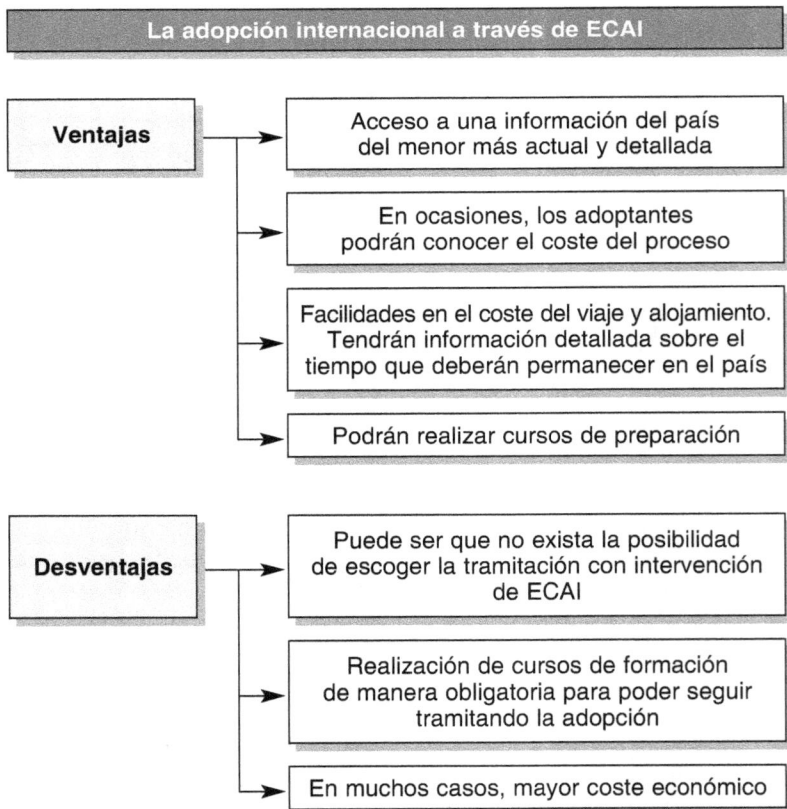

La adopción internacional a través de ECAI

Ventajas
→ Acceso a una información del país del menor más actual y detallada
→ En ocasiones, los adoptantes podrán conocer el coste del proceso
→ Facilidades en el coste del viaje y alojamiento. Tendrán información detallada sobre el tiempo que deberán permanecer en el país
→ Podrán realizar cursos de preparación

Desventajas
→ Puede ser que no exista la posibilidad de escoger la tramitación con intervención de ECAI
→ Realización de cursos de formación de manera obligatoria para poder seguir tramitando la adopción
→ En muchos casos, mayor coste económico

Existen países como Rumanía, Perú, India, cuyas legislaciones exigen que los trámites de adopción internacional sean realizados únicamente a través de las entidades mediadoras debidamente acreditadas. En otros, en cambio, están contempladas las dos vías de tramitación, y el interesado puede elegir, lo que determinará que el procedimiento se realice a través de la entidad pública o mediante una entidad colaboradora; y, por último, existen países donde las entidades colaboradoras no están reguladas como organismos autorizados para la mediación en la adopción internacional, y por tanto sólo se puede tramitar a través de los organismos públicos competentes.

La elaboración del expediente de adopción y la asignación del menor

Una vez que se ha obtenido el certificado de idoneidad y se ha escogido el país en el que se quiere intentar la adopción, se ha de preparar toda la documentación necesaria para que sea remitida al país de origen del menor. Esta documentación suele ser bastante extensa, por lo que a continuación se enumeran aquellos documentos que se piden con más frecuencia en un expediente bastante completo. Es decir, pueden existir procesos adoptivos en los que la documentación contenida en el expediente sea menos extensa, pero el caso que se ejemplifica en la página siguiente es más complejo, con el fin de que queden recogidos en él la mayoría de documentos que pueden se necesarios para adoptar en otro país.

Como ya se ha indicado, en la elaboración del expediente se puede contar con la ayuda de una entidad colaboradora de adopción o, por el contrario, puede que se haya decidido emprender la aventura de la adopción sin contar con ninguna de estas entidades y, por lo tanto, los solicitantes han de recopilar la documentación y hacerla llegar a la autoridad competente de la comunidad autónoma para que esta la remita a la autoridad competente del país de origen del menor. Estos documentos varían según el país elegido y según la ECAI escogida.

En el ejemplo siguiente se parte de la documentación necesaria para un expediente de adopción internacional en la India: un total de 22 documentos. En el caso de la India es obligada la adopción a través de una entidad colaboradora y que, según la comunidad autónoma, existen algunas diferencias en cuanto a la documentación solicitada.

Los documentos que integran el expediente son:

• La solicitud dirigida al director del orfanato (véase modelo en pág. 101). Un modelo posible de solicitud.

• Certificado de matrimonio internacional. Debe solicitarse en el Registro Civil del municipio en el que se contrajo matrimonio. Este documento deberá ser legalizado por:

— el Tribunal Superior de Justicia de la comunidad autónoma;
— el Ministerio de Justicia, el Ministerio de Asuntos Exteriores o la Embajada de la India en Madrid.

• Certificado de trabajo o de empresa. Un notario deberá realizar el reconocimiento de firma del certificado. Este certificado deberá ser legalizado por:

— el Colegio de Notarios de la comunidad autónoma;
— el Ministerio de Justicia, el Ministerio de Asuntos Exteriores o la Embajada de la India en Madrid.

• Declaración de Hacienda. Certificación de los tres últimos ejercicios. Para solicitarlo, hay que rellenar el impreso «Solicitud Certificados» del Ministerio de Economía y Hacienda (modelo 01) solicitando una copia certificada y extractada de la declaración del IRPF de los tres últimos ejercicios. Se debe legalizar en Madrid, en la Oficialía Mayor de Hacienda del Ministerio de Economía y Hacienda, en el Ministerio de Asuntos Exteriores o en la Embajada de la India.

• Referencias bancarias. Las legalizaciones de estas referencias bancarias se harán:

Sr. Director del Orfanato
La India

(Ciudad), (día) de (mes) de 2002

Muy señores nuestros:
Los abajo firmantes, D. (nombre de él), de (número) años de edad, provisto de DNI n.º (DNI de él), y D.ª (nombre de ella), de (número) años de edad y con DNI n.º (DNI de ella), nos dirigimos muy atentamente a ustedes para exponerles nuestra intención de adoptar un(a) niño(a) de la República India de entre X y Z (meses o años) de edad.

Estamos casados desde hace (número) años y desearíamos (aumentar la familia / formar una familia); pensamos que la adopción es un buen camino para ver cumplido nuestro sueño y así poder compartir con nuestro(a) futuro(a) hijo(a) la educación, formación, valores y oportunidades que a nosotros nos han proporcionado nuestros respectivos padres.

Durante estos últimos meses hemos tenido la oportunidad de conocer a través de la lectura la gran riqueza de la cultura hindú, su diversidad social y su forma de ver el mundo y vivir la vida, su tolerancia y capacidad de adaptación.

Esperamos sinceramente que nuestra solicitud se vea atendida y nuestro deseo cumplido, reciban mientras tanto nuestro más respetuoso saludo.
Atentamente,

(Nombre de él)   (Nombre de ella)
DNI: (n.º);   DNI: (n.º)

CERTIFICADO DE TRABAJO

Don (nombre del que firma el certificado), provisto de DNI n.º (su DNI) en calidad de (cargo de la persona que firma el certificado),

CERTIFICA:

Que Don/Doña (nombre del solicitante) con DNI n.º (su DNI) y n.º de afiliación a la Seguridad Social (n.º) es trabajador/a de esta empresa a tiempo completo y con contrato fijo, con antigüedad desde el (fecha de alta en la empresa), y su remuneración anual asciende a (sueldo bruto anual en números) ([Sueldo bruto anual en letras]) euros brutos.

Y para que así conste, y a los efectos oportunos, expido la presente certificación en la ciudad (de la empresa), a (fecha de la emisión del certificado, en letras).

FIRMA Y SELLO DE LA EMPRESA

— en la oficina del Banco de España de la provincia;
— en la oficina central del Banco de España en Madrid, o también en el Ministerio de Asuntos Exteriores o en la Embajada de la India.

• Nota simple del detalle de las propiedades. Se obtiene en el Registro de la Propiedad. Después se habrá de llevar al notario para que la protocolice en un documento llamado Acta de Manifestaciones:

— comunidades autónomas: Colegio de Notarios;
— Madrid: Ministerio de Justicia, Ministerio de Asuntos Exteriores, Embajada de la India.

• Acta de exhibición de documento con legitimación de firmas. Este documento se realiza ante notario, e incluye una serie de declaraciones de voluntad:

— declaración de salud de los padres adoptivos;
— declaración sobre la custodia del niño;
— compromiso de realizar la adopción plena en un plazo máximo de dos años;
— declaración de los padres adoptivos de proporcionar al niño la educación necesaria;
— compromiso por parte de los padres de sufragar los gastos de manutención.

La legalización se hará en:

— el Colegio de Notarios de la comunidad autónoma;
— el Ministerio de Justicia, el Ministerio de Asuntos Exteriores, la Embajada de la India.

• Fotocopias de los pasaportes compulsadas por un notario. La legalización se hará en:

— el Colegio de Notarios de la comunidad autónoma;
— el Ministerio de Justicia, el Ministerio de Asuntos Exteriores, la Embajada de la India.

• Tres o más cartas de recomendación. El notario también debe encargarse de legitimar las firmas. La legalización se podrá efectuar en los siguientes lugares:

— el Colegio de Notarios de la comunidad autónoma;
— el Ministerio de Justicia, el Ministerio de Asuntos Exteriores, la Embajada de la India.

• Certificados médicos. Han de ser oficiales, expedidos por un médico colegiado. La legalización se hará en:

— el Colegio de Médicos de la provincia;
— el Consejo General de Colegios de Médicos, el Ministerio de Asuntos Exteriores o la Embajada de la India.

• Certificado de antecedentes penales. Deberá ser legalizado en Madrid por el Ministerio de Asuntos Exteriores o la Embajada de la India.

• Certificado de requisitos de entrada de un menor en España. Deberá ser legalizado en Madrid por el Ministerio de Asuntos Exteriores o la Embajada de la India.

• Informe psicosocial. Deberá ser legalizado en Madrid por el Ministerio de Asuntos Exteriores o la Embajada de la India.

• Certificado de idoneidad. Deberá ser legalizado en Madrid por el Ministerio de Asuntos Exteriores o también puede ser legalizado en la Embajada de la India.

• Compromiso del organismo competente en la comunidad autónoma de realizar el seguimiento del niño. Deberá ser legalizado en

Madrid por el Ministerio de Asuntos Exteriores o la Embajada de la India.

• Autorización para la adopción por parte del país de los padres. Deberá ser legalizado en Madrid por el Ministerio de Asuntos Exteriores o la Embajada de la India.

• Compromiso del organismo competente en la comunidad autónoma de ayudar al niño en caso necesario. Deberá ser legalizado en Madrid por el Ministerio de Asuntos Exteriores o la Embajada de la India.

• Fotografías de los padres adoptivos, de la casa y de la familia.

Completado el expediente, la autoridad competente de la comunidad autónoma lo enviará a la autoridad competente del país del niño. Cuando este organismo oficial reciba el expediente, la familia que haya optado por tramitar sin la ayuda de una entidad colaboradora realizará por sí misma el seguimiento de su expediente.

Posteriormente, recibirán la propuesta de adopción en la que constarán los datos personales del menor, su estado de salud, referencias psicoeducativas, y deberán responder si aceptan o no la asignación del menor.

Aceptada la asignación se pasará a la fase judicial, en la que les asistirá un abogado del país, elegido por la familia, que los representará y los asesorará en los trámites.

Si la tramitación se realiza a través de una ECAI, el proceso se iniciará cuando la Administración comunique a la familia que son idóneos para adoptar internacionalmente. En ese momento y por escrito, los solicitantes indicarán con qué entidad colaboradora desean que sea tramitado su expediente.

Una vez que el expediente esté en la entidad colaboradora se firmará el contrato, es decir, las partes (ECAI y futuros adoptantes) asumen recíprocamente derechos y obligaciones.

Cuando el expediente esté completo será remitido por la ECAI al país elegido por los padres adoptivos. En el intervalo de tiempo que transcurre desde el envío hasta la preasignación, estas entidades imparten los cursos de preparación y formación a los padres mientras esperan que llegue el momento de viajar en busca del menor. Estos cursillos resultan muy interesantes, ya que tratan de las costumbres, idioma, aspectos psicosociales, cultura de ese país... También explican el proceso judicial y sus características. Y por último, se los prepara para el momento del encuentro con el menor.

La preasignación llegará a través de la propia entidad colaboradora. Cuando llega, esta entidad la remite al área de adopciones de la comunidad para que dé el visto bueno. Si el órgano competente de la comunidad lo admite, se notifica a la ECAI para que lo comunique a la familia. En ese instante, con la información recibida, la familia decidirá si acepta o no la preasignación.

En el caso de que los futuros padres acepten la preasignación, se comunica esta decisión al país del menor, y entonces la familia aguardará a que le informen de que ya puede viajar al país para asistir al juicio o acto administrativo y recoger al menor.

Por el contrario, si la familia no acepta la preasignación, debe argumentar por escrito las razones por las que considera que no puede aceptar.

En vista de lo argumentado, se procederá a estudiar el escrito, se entrevistará a la familia y se resolverá sobre la posibilidad de realizar o no una nueva preasignación.

La tramitación judicial: el viaje al país del menor

Si los padres han aceptado la propuesta del país de origen del menor, se pasará a la siguiente fase: la tramitación ante el juzgado correspondiente para que un juez disponga, mediante una resolución, la adopción del menor por parte de sus futuros padres.

En la tramitación judicial los padres han de tener un abogado del país del menor que los represente y asesore en los trámites finales. Hay algunos países en los que no se necesita contratar abogado pero se tienen que pagar unas tasas. Si la tramitación se hubiese hecho por ECAI, será esta entidad la encargada de asesorar-los en todo lo que precisen.

☐ ¿Tienen los futuros padres adoptivos alguna información sobre el niño asignado antes del viaje a su país?

☐ El organismo competente del país del menor envía información básica sobre el niño: nombre, estado de salud, edad, peso, talla, etc. Esta información varía mucho según el país de origen del menor. La mayoría de los países adjunta una fotografía del niño.

El viaje de los padres se realizará cuando exista aceptación a la asignación del menor y así lo indiquen las autoridades del país de este.

☐ ¿Cuánto tiempo hay que estar en el país de origen del menor?

☐ Quien marca el tiempo de estancia en el país del menor es siempre el organismo oficial de dicho país. Hay países donde la estancia se puede prolongar hasta dos meses, debido a que los futuros padres adoptivos deben pasar por un seguimiento de acoplamiento, realizado por un equipo de profesionales del país del menor. En otros países bastará una breve estancia, aunque no suele ser muy frecuente. Normalmente el tiempo de permanencia en el país varía de uno a dos meses.

La permanencia de los adoptantes en ese país varía según su normativa. Por esta razón, se exponen a continuación cuatro ejemplos del proceso de adopción en Bolivia, India, Brasil y República Dominicana, que podría transcurrir aproximadamente de la siguiente forma:

• En Bolivia solamente cabe la adopción a través de una ECAI. Los solicitantes serán acompañados por el representante de la misma en Bolivia para resolver todas las cuestiones administrativas necesarias y formalizar de manera definitiva la adopción (en los trámites judiciales, la familia estará representada por el abogado que tiene contratado la ECAI). En los primeros días de estancia se inicia un régimen de visitas al hogar para ir conociendo al futuro hijo. Posteriormente, estos contactos se producirán en salidas programadas y guiadas por el equipo de psicólogos y trabajadores sociales de la Administración boliviana. Finalmente, a criterio de los profesionales mencionados se producirá la salida definitiva del hogar.

El equipo de técnicos bolivianos elaborará un informe psicosocial de acoplamiento. Este informe se basará en las numerosas entrevistas y visitas a la familia y, una vez finalizado, lo remitirá al juez

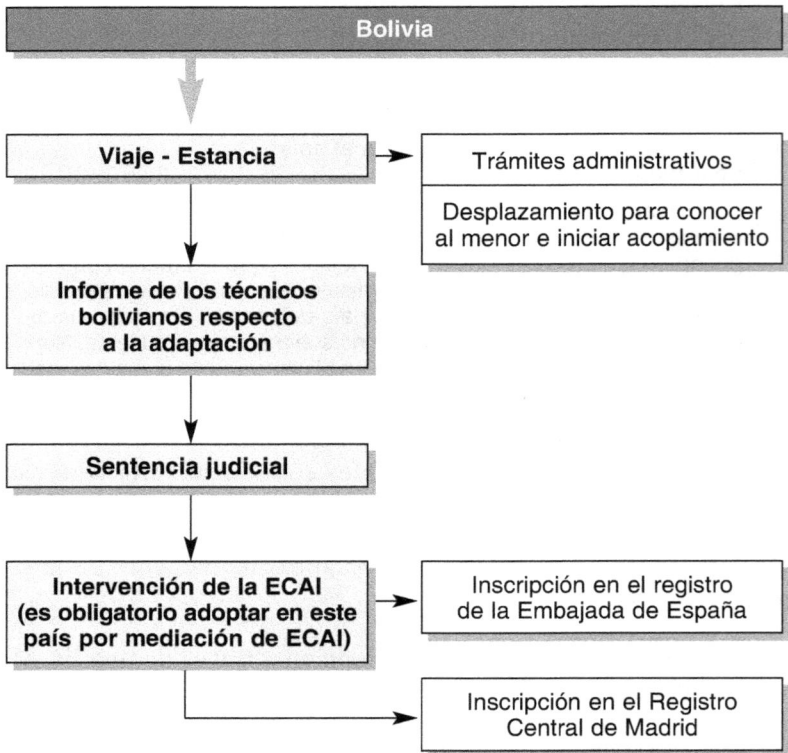

para que este decida de forma favorable o desfavorable la adopción. Los adoptantes serán citados por el juez para celebrar varias audiencias. Una vez obtenida la sentencia favorable de adopción, ya podrá tramitarse la nueva filiación.

El representante de la ECAI inscribirá la filiación del niño en el registro de la Embajada de España en Bolivia, y de la Embajada será enviada de forma directa al Registro Central de Madrid. Para salir del país se necesitará la sentencia de adopción, el Libro de Familia, el pasaporte y documento nacional de identidad españoles del menor.

• En el caso de la India, una vez aceptada la asignación por los padres adoptivos, se legaliza en España y se remite al orfanato. Este

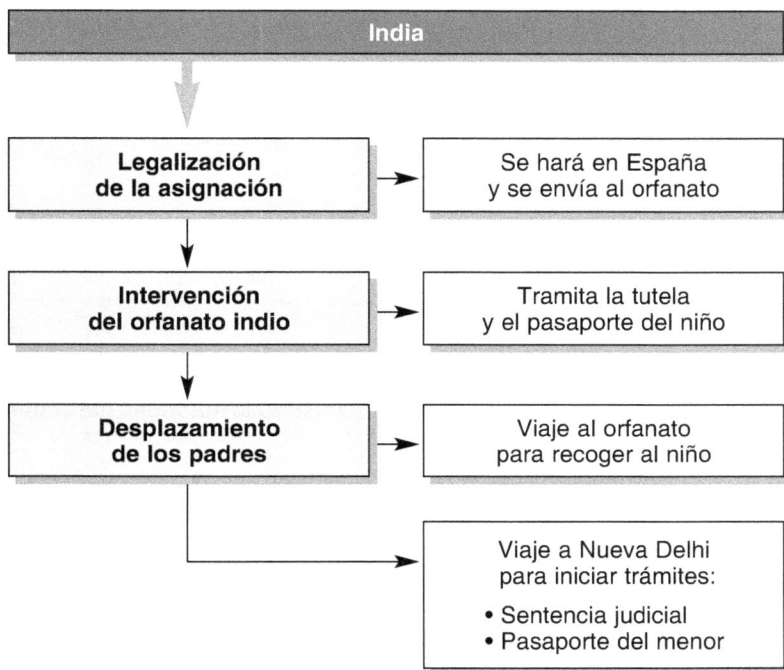

India

| Legalización de la asignación | → | Se hará en España y se envía al orfanato |

| Intervención del orfanato indio | → | Tramita la tutela y el pasaporte del niño |

| Desplazamiento de los padres | → | Viaje al orfanato para recoger al niño |

Viaje a Nueva Delhi para iniciar trámites:
• Sentencia judicial
• Pasaporte del menor

centro tiene los poderes para iniciar el procedimiento judicial en la India con la finalidad de que los padres adoptivos obtengan la tutela del menor.

Obtenida la sentencia de tutela en la India, el orfanato tramita el pasaporte del niño. En ese momento los padres ya podrán viajar a la India. La familia acudirá al orfanato para recoger al menor, y después viajará a Nueva Delhi, donde legalizarán la sentencia de tutela y el pasaporte del menor.

Este país exige una serie de informes de seguimiento del menor una vez llegado a España, que se han de remitir al gobierno indio y al orfanato del cual procedía el niño.

• Por el momento, para adoptar en Brasil no es necesario realizarlo a través de una ECAI.

En este país la asignación del menor es comunicada por la autoridad judicial. Cuando esta llega a los padres adoptivos, ya consta la fecha en que deben presentarse en Brasil. Una vez en el país, los padres se ocuparán de inmediato del niño. Si es menor de dos años, las autoridades brasileñas fijan un periodo mínimo de adaptación de quince días. Si por el contrario el niño es mayor de dos años, el tiempo establecido es de treinta días.

Durante su estancia, los padres realizan una serie de entrevistas con técnicos del Servicio de Adopciones de Brasil. Estos técnicos deben dar al final el visto bueno a la adaptación entre el niño y su nueva familia.

Brasil

Envío del expediente a las autoridades brasileñas competentes

Asignación del menor (la realiza la autoridad judicial)

Viaje al país e inicio del periodo de adaptación

Sentencia judicial

• En la República Dominicana, la tramitación empieza con el envío de toda la documentación al Departamento de Guarda y Adopción de la Secretaría de Salud Pública de ese país para que sea aprobada. Si el expediente se acepta, el tiempo que transcurrirá hasta la asignación del niño gira en torno al año (véase ficha en «Anexos» para más información sobre los detalles de la adopción en este país).

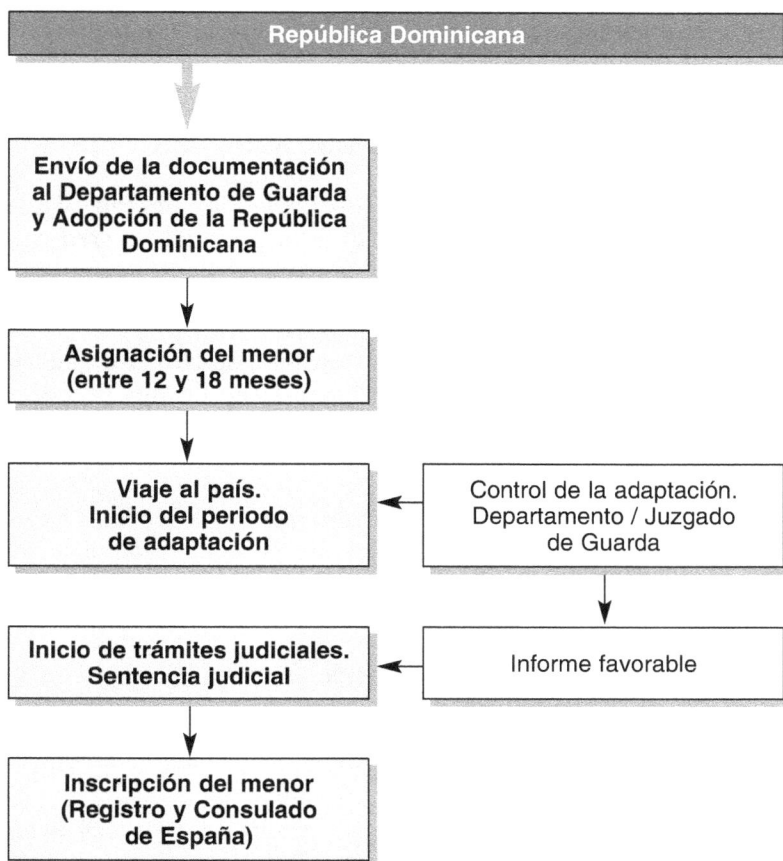

República Dominicana

Envío de la documentación al Departamento de Guarda y Adopción de la República Dominicana

↓

Asignación del menor (entre 12 y 18 meses)

↓

Viaje al país. Inicio del periodo de adaptación ← Control de la adaptación. Departamento / Juzgado de Guarda

↓

Inicio de trámites judiciales. Sentencia judicial ← Informe favorable

↓

Inscripción del menor (Registro y Consulado de España)

La adopción internacional en los países firmantes del Convenio de La Haya

Principios establecidos en el Convenio de La Haya

El Convenio de La Haya, relativo a la protección del niño y a la cooperación en materia de adopción internacional, se creó con la clara finalidad de regular la colaboración internacional en esta materia. Desarrolló, en gran parte, lo establecido en la Convención de la ONU celebrada el 20 de noviembre de 1989.

Los objetivos establecidos en el Convenio de La Haya quedan fijados en su primer artículo. En él se establecen tres premisas básicas que han de seguirse en cualquier proceso adoptivo internacional:

• Deben establecerse las garantías para que las adopciones internacionales tengan lugar partiendo del interés superior del niño y el respeto a los derechos fundamentales reconocidos en el derecho internacional.

• Se creará un sistema de cooperación entre los Estados contratantes que asegure el respeto a las garantías anteriormente mencionadas y, en consecuencia, que prevenga la sustracción, la venta o el tráfico de niños.

• Se asegura el reconocimiento en los Estados contratantes de las adopciones realizadas de acuerdo con el Convenio.

Con estas medidas se intentaba acabar con recomendaciones firmadas en diversas convenciones internacionales que carecían de fuerza vinculante entre los Estados. Se pretendía que los Estados firmantes asumieran el compromiso de dar cumplimiento a lo que aquí se establecía adecuando, en consecuencia, su normativa interna a la internacional.

En España, la mayor prueba de todo este intento de adecuar su normativa interna a la normativa internacional se puede encontrar en la Ley Orgánica 1/1996 de 15 de enero, de Protección Jurídica del Menor.

En el Convenio de La Haya también se establece que las adopciones internacionales únicamente podrán tener lugar cuando se cumplan por parte de las autoridades del país del menor las siguientes formalidades:

— han tenido que constatar que el menor es adoptable conforme a lo establecido en su legislación;
— se han asegurado de que la opción elegida de adopción internacional responde al interés del menor;
— se han asegurado de que personas, instituciones y autoridades cuyo consentimiento es requerido para adoptar han sido asesoradas convenientemente e informadas de las consecuencias de su consentimiento, sobre todo, con relación al mantenimiento o ruptura de los vínculos jurídicos con el niño;
— estas personas, instituciones y autoridades han debido prestar su consentimiento por escrito, en la forma legalmente prevista y siempre libremente;
— deben haber comprobado que en la prestación de estos consentimientos no ha mediado compensación económica alguna y que no ha habido revocación en el plazo legal establecido en su normativa interna;
— deben haberse asegurado de que si el menor tiene la madurez suficiente haya sido asesorado e informado de las consecuencias de la adopción, de que este consentimiento haya sido prestado libremente, por escrito y sin pago o compensación económica.

De la misma manera que el Convenio exige de las autoridades del país del menor la comprobación de que se respeten las medidas establecidas en el párrafo anterior, en el país de los adoptantes también serán exigidas a sus autoridades una serie de obligaciones:

— comprobar que los adoptantes son idóneos para ser padres adoptivos;
— garantizar que han sido debidamente asesorados;
— confirmar que el menor ha sido o será autorizado a residir permanentemente en el Estado de recepción.

En resumen, puede observarse que el objetivo fundamental que se quería alcanzar con el Convenio de La Haya era erradicar cualquier actividad relacionada con el tráfico de niños.

Análisis de las funciones atribuidas a las autoridades centrales en el Convenio

Con el objetivo de evitar la adopción ilegal de menores, el Convenio de La Haya oficializó el proceso de las adopciones internacionales estableciendo que cada Estado debe designar una *autoridad central* que se encargue de cumplir las obligaciones contenidas en el mismo, y aclara que en un Estado en que existan diversos sistemas jurídicos (Estados federales o con autonomías), como es el caso de España, se puede designar más de una autoridad central especificando la extensión territorial de sus funciones. Se añade también que el Estado que haga uso de esta facultad designará una autoridad central a la que puede dirigirse toda comunicación para su transmisión a las autoridades centrales dentro de ese Estado.

En el momento en que España ratificó el Convenio estableció un listado de autoridades centrales del Estado español que coinciden con el número de comunidades autónomas.

Algunas de las funciones encomendadas a estas autoridades centrales se pueden delegar en otras instituciones, pero otras, sin embargo, no son susceptibles de ser desviadas a otros organismos. Así queda expresamente indicado en el Convenio cuando se establece que las autoridades centrales asumirán directamente las siguientes funciones:

— proporcionar información sobre la legislación de sus Estados en materia de adopción y otras informaciones generales, tales como estadísticas y formularios;
— informarse mutuamente sobre el funcionamiento del Convenio y, en la medida de lo posible, suprimir los obstáculos para su aplicación.

Las entidades colaboradoras en el Convenio de La Haya

A causa de la complejidad del proceso de adopción internacional, el Convenio de La Haya intentó crear los mecanismos necesarios para poder llevar a cabo lo que en él se establecía. Por esta razón, se posibilita que los países deleguen algunas de sus obligaciones en otras entidades diferentes de las ya mencionadas autoridades centrales. Es decir, el Convenio ofrece dos soluciones para descargar de funciones a la autoridad central de cada país:

— que se nombren varias autoridades centrales;
— que ciertas funciones sean delegadas a entidades colaboradoras de adopción internacional. La atribución de funciones a estas entidades no puede alcanzar, sin embargo, la totalidad de las que el Convenio atribuye a las mencionadas autoridades.

Hay que destacar que la posibilidad de creación de estas entidades colaboradoras está sometida a ciertas obligaciones. Las ECAI deberán estar acreditadas en los dos países que participen en el proceso adoptivo, el de los adoptantes y el del menor.

En España, cada comunidad autónoma ha regulado mediante decreto los requisitos para la acreditación de esas entidades. Los principios de actuación que debe seguir cualquier entidad acreditada que se encuentre en España son los siguientes:

— no se podrá preasignar ni aceptar el consentimiento para una adopción por parte de una ECAI antes del nacimiento del niño;
— no está permitido hacer promesas de apoyo de ningún tipo a los padres biológicos que puedan influirles en su decisión de dar su hijo en adopción;
— antes de decidir si un niño debe ser colocado y adoptado en el extranjero, la ECAI tiene que estar convencida de que no exista otra solución satisfactoria para él en su propio país de origen;
— los futuros padres adoptivos deberán siempre viajar al país de origen del niño;
— todo niño adoptado tiene derecho de acceso a información de sus antecedentes. La ECAI deberá proporcionar esta información, siempre que sea posible, al niño y a los padres adoptivos. La ECAI tendrá que guardar copia de toda esta información por tiempo ilimitado;
— la entidad garantizará el derecho a la intimidad de la infancia y, en concreto, no mostrará datos personales ni fotografías de un niño adoptable hasta el momento en que haya sido asignado;
— no aceptará solicitudes de aquellas familias que quieran escoger raza, etnia o sexo de manera excluyente;
— debe encargarse de que los aspirantes a padres adoptivos reciban preparación adecuada para la adopción;
— tiene que actuar siempre en el mejor interés del menor;
— se intentará fomentar la ayuda a programas que favorezcan la integración y el desarrollo del niño en su propio país, en vez de las donaciones directas a los hogares de donde proceden los niños dados en adopción. Sólo serán admisibles las donaciones en el caso de ser reguladas por la autoridad competente del país de origen;
— el contacto con el que la ECAI coopere en el país de origen del niño tiene que ser una autoridad, organización o institución autorizada para intermediar en el campo de la adopción internacional conforme a las leyes de ese país;

— los representantes y colaboradores que pudieran influir en el número de niños colocados en adopción no deberían recibir pago por caso.

Una vez establecidas las normas de conducta que deben seguir estas entidades colaboradoras, las funciones que les atribuye el Convenio son, fundamentalmente, las siguientes:

— informar y asesorar a los interesados en materia de adopción internacional;

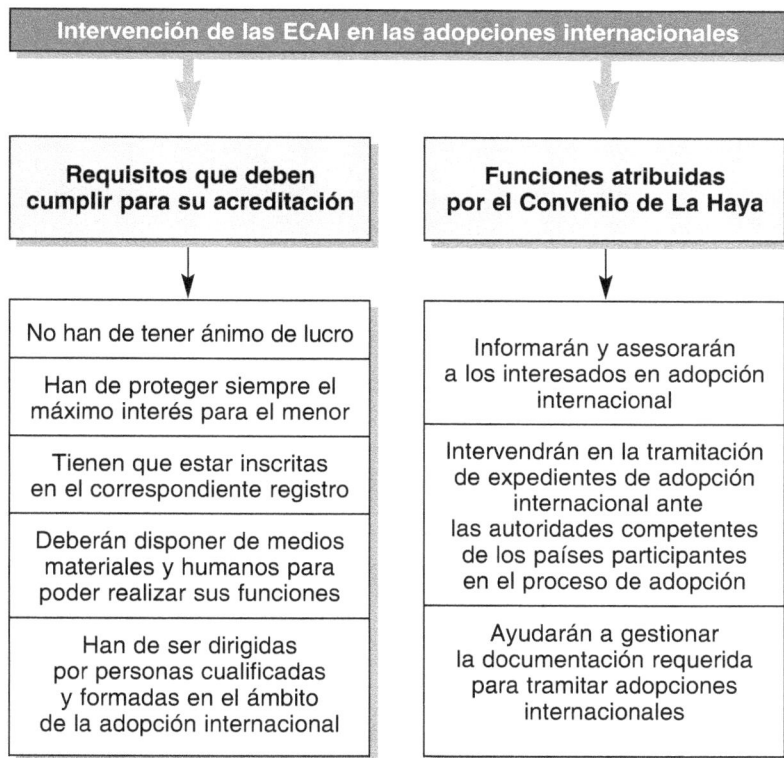

Intervención de las ECAI en las adopciones internacionales

Requisitos que deben cumplir para su acreditación	**Funciones atribuidas por el Convenio de La Haya**
No han de tener ánimo de lucro	Informarán y asesorarán a los interesados en adopción internacional
Han de proteger siempre el máximo interés para el menor	
Tienen que estar inscritas en el correspondiente registro	Intervendrán en la tramitación de expedientes de adopción internacional ante las autoridades competentes de los países participantes en el proceso de adopción
Deberán disponer de medios materiales y humanos para poder realizar sus funciones	
Han de ser dirigidas por personas cualificadas y formadas en el ámbito de la adopción internacional	Ayudarán a gestionar la documentación requerida para tramitar adopciones internacionales

118 • TODO SOBRE LA ADOPCIÓN

— intervenir en la tramitación de expedientes de adopción ante las autoridades competentes. Es decir, se dirigirán al país del menor de forma directa o a través de la autoridad competente para dar trámite a la solicitud de adopción;
— asesorar y apoyar a los solicitantes en los trámites de gestión que han de realizarse en España y también en los que se han de efectuar en el extranjero.

Características de una adopción internacional en Estados parte del Convenio

La regulación de este tipo de tramitación adoptiva internacional también se encuentra en el Convenio de La Haya. Se establece que las personas que tengan su residencia habitual en un Estado contratante y deseen adoptar a un menor cuya residencia habitual esté en otro Estado parte del Convenio habrán de dirigirse a la autoridad central del Estado de su residencia habitual. En el caso de España, esta referencia a la autoridad central debe entenderse descentralizada, puesto que, como ya se ha dicho, se nombraron tantas autoridades centrales como comunidades autónomas hay en el territorio nacional.

De esta manera, cuando alguien con residencia en España decida adoptar a un menor de otro país deberá actuar procediendo de la siguiente manera:

a) Tiene que dirigirse al organismo competente de su comunidad autónoma.
b) Ese organismo estudiará si resulta apto para ser padre adoptivo, y en el caso de que así lo crea, abrirá expediente. En el expediente figurarán todos aquellos datos que sean de interés para la adopción.
c) Esta información se remitirá entonces a la autoridad central del país de residencia del menor.
d) La autoridad central del país de residencia del menor abrirá también expediente, en el que constará:

— la identidad del menor;
— las circunstancias personales, familiares y de salud;
— condiciones de educación;
— origen étnico, religioso y cultural;
— se confirmará que se han prestado los pertinentes consentimientos de acuerdo con la ley del menor.

e) La autoridad competente del país del niño confrontará ambos expedientes y apreciará si con la adopción se alcanza el superior interés del menor.

f) Confrontados los expedientes, la autoridad central del país de origen remitirá a la autoridad competente del país de los adoptantes un informe completo sobre el menor susceptible de ser adoptado. Acreditará en el mismo expediente que se han cumplido los consentimientos necesarios y expresará el motivo de la adopción.

g) Finalmente, los adoptantes habrán de manifestar ante la autoridad de su propio país la aceptación o no del menor propuesto.

h) En caso afirmativo, las autoridades respectivas realizarán los trámites oportunos para que la adopción se lleve a cabo.

i) El desplazamiento del menor se deberá realizar con todas las garantías, en adecuadas condiciones y, siempre que sea posible, en compañía de los padres adoptivos.

Todo este procedimiento se realizará procurando la máxima discreción y evitando en todo momento que la familia de origen tenga conocimiento de cuál será la familia adoptiva.

La eficacia de las adopciones internacionales en el Convenio de La Haya

El reconocimiento de las adopciones que se han llevado a cabo en un Estado firmante del Convenio de La Haya se encuentra regulado de manera expresa en el Convenio. En él se señala que aquellas adopciones certificadas conforme al Convenio por la autoridad del Estado donde estas adopciones han tenido lugar serán reconocidas de pleno derecho en los demás Estados contratantes.

Se especifican también las características que debe tener esa certificación; esta debe indicar expresamente el momento de constitución de la adopción, y las autoridades que han intervenido en el proceso.

Por otra parte, el Convenio establece las personas o entidades encargadas de emitir la certificación indicada. Las autoridades encargadas de emitir esta certificación las establecerá el propio país firmante del Convenio en el momento en que se integró en él. Por último, se establece que cualquier variación en la designación de esta autoridad debe ser notificada por el país implicado.

Continuando con lo referente a la eficacia de las adopciones constituidas entre países firmantes, el Convenio dispone que podrá denegarse el reconocimiento de una adopción en un Estado contratante en el único supuesto en que la adopción sea manifiestamente contraria al denominado «orden público». Esta afirmación tiene que ser interpretada de forma totalmente restringida, es decir, no puede utilizarse para entender que cualquier nimiedad es contraria al orden público del país receptor y, por lo tanto, negar la eficacia de la adopción atendiendo a este precepto. Además, ha de partirse siempre del superior interés del menor.

En cuanto a España, si se cumplen los requisitos establecidos en el Convenio, existirá el pleno reconocimiento siempre y cuando exista una correspondencia de efectos entre la adopción constituida en el extranjero respecto a los efectos contemplados en el Código civil. En este mismo sentido se manifiesta la Ley Orgánica 1/1996 de Protección Jurídica del Menor, que establece que «no será reconocida en España como adopción la constituida en el extranjero por adoptante español si los efectos de aquella no se corresponden con los previstos por la legislación española».

Los casos de falta de correspondencia de efectos son aquellos en que la adopción realizada en el país de origen del menor no implique la ruptura del vínculo de filiación con su familia biológica. Sin embargo, el Convenio de La Haya también ha encontrado soluciones para este problema, estableciendo que si una adopción realizada en el Estado de origen no conlleva la ruptura del vínculo de filiación preexistente, en el Estado de recepción que reconozca la adopción conforme al Convenio se podrá convertir en una adopción que produzca tal efecto si:

• La ley del Estado de recepción lo permite.

• Se han otorgado los consentimientos pertinentes:

— la familia biológica o tutora, en su caso;
— las autoridades centrales competentes;
— el menor, en su caso.

ARTÍCULO 4 DEL CONVENIO DE LA HAYA

En los supuestos de falta de equivalencia de efectos en los que se constate que se han observado los consentimientos necesarios, el juez encargado del Registro Civil Central inscribirá estas adopciones directamente, sin necesidad de que tengan que ser nuevamente constituidas ante la autoridad judicial competente.

PAÍSES FIRMANTES DEL CONVENIO

Los países firmantes del Convenio de La Haya son: Australia, Brasil, Burkina Faso, Canadá, Colombia, Costa Rica, Chipre, Dinamarca, Ecuador, El Salvador, España, Filipinas, Finlandia, Francia, Holanda, Israel, México, Noruega, Perú, Polonia, Rumanía, Sri Lanka, Suecia, Venezuela.
    El número de países que integran el Convenio está abierto a nuevas incorporaciones, por lo que habrá que considerar que el número de naciones que lo integran puede ampliarse en cualquier momento.

La eficacia interna de las adopciones internacionales

Las modalidades de adopción: adopción simple y adopción plena

Se pueden distinguir dos modalidades de adopción:

• *La adopción simple*. No produce la ruptura de vínculos jurídicos entre el adoptado y su familia biológica, a excepción de la patria potestad. En esta modalidad de adopción se permite el contacto entre la familia biológica y la nueva familia.

☐ **¿Existe la adopción simple en España?**

☐ Este tipo de adopción no existe en España; en consecuencia, cuando el menor llega a su nuevo hogar, debe iniciarse un proceso judicial presentando una demanda en el Juzgado de Primera Instancia del lugar de residencia de los padres adoptivos para que la adopción sea plena.

• *La adopción plena*. Produce la ruptura de vínculos jurídicos entre el adoptado y su familia biológica. La ventaja de elegir un país que regule este tipo de adopción es que, al existir una equiparación con la de España, puede registrarse la adopción en la Embajada o Consulado de España del país del menor; de esta forma, cuando el niño llegue a nuestro país, la adopción puede estar ya válidamente constituida.

☐ **¿Qué efectos tiene la adopción internacional plena?**

☐ El efecto básico es que el adoptado rompe todos los vínculos con su familia biológica. Y además nacen entre el menor y su nueva familia los mismos derechos y obligaciones que la filiación por naturaleza.

El hecho de que existan estas dos modalidades de adopción ha generado históricamente gran cantidad de conflictos en todo lo que se refiere a la eficacia de adopciones internacionales en el ámbito del ordenamiento jurídico interno de España.

La normativa española sólo reconoce en la actualidad un tipo de adopción, la plena, que supone la equiparación absoluta de la filiación adoptiva a la filiación biológica, es irrevocable y se constituye en virtud de una resolución judicial.

La eficacia de las adopciones internacionales en el Código civil español

En el Código civil se indica lo siguiente:

> «El carácter y contenido de la filiación, incluida la adoptiva y las relaciones paterno-filiales, se regirán por la Ley personal del hijo, y si no pudiera determinarse esta, se estará a la de la residencia habitual del hijo».
>
> «[...] En la adopción constituida por la autoridad extranjera competente, la Ley del adoptando regirá en cuanto a capacidad y consentimientos necesarios. Los consentimientos exigidos por tal Ley podrán prestarse ante una autoridad del país en que se inició la constitución o, posteriormente, ante cualquier otra autoridad competente. En su caso, para la adopción de un español será necesario el consentimiento de la entidad pública correspondiente a la última residencia del adoptando en España».

Se pueden distinguir una serie de requisitos necesarios para lograr que una adopción constituida en el extranjero surta plenos efectos en España:

• Habrá que verificar la competencia de la autoridad que constituyó la adopción. Se considerará que la autoridad extranjera era competente para constituir la adopción cuando el adoptante y adoptando tuvieran la misma nacionalidad que la autoridad que constituyó la adopción o residieran habitualmente en su territorio.

• Habrá que verificar la ley aplicada por la autoridad extranjera. De esta manera, el Código civil establece que la ley del menor regirá en lo relativo a capacidad y consentimientos necesarios. En todos los demás aspectos de la adopción regirá la ley nacional de la autoridad extranjera que constituye la misma.

• Habrá de comprobarse la autenticidad del documento mediante el cual se constituye la adopción.

• Habrá de comprobarse que la entidad pública competente haya declarado la idoneidad de los adoptantes, en el supuesto de que estos fueran españoles y estuvieran domiciliados en España en el momento de la adopción. Como ya se ha explicado anteriormente, la complejidad de la adopción internacional reside en la duplicidad de los requisitos necesarios para la adopción: los solicitantes deben cumplir con lo establecido en su propio país y con los requisitos establecidos por la legislación del país del menor.

• Habrá de comprobarse que la adopción constituida en el extranjero no es contraria al orden público español de conformidad con lo establecido en el Código civil.

La eficacia de las adopciones internacionales en la Ley Orgánica 1/1996 de Protección Jurídica del Menor

Aunque algunos sistemas jurídicos extranjeros la conserven, la adopción simple no será reconocida como tal adopción en España, dado que, por una parte, atenta al principio constitucional de igualdad de los hijos y, por otra, la Ley Orgánica 1/1996 de Protección Jurídica del Menor ha establecido que «no será reconocida en España como adopción la constituida en el extranjero por adoptante español si los efectos de aquella no se corresponden con los previstos por la legislación española».

Para estos supuestos se permite que, con posterioridad, la adopción se complete con los consentimientos precisos ante una autoridad competente, ya sea española o extranjera, para formalizar la adopción plena, tal y como se concibe en el ordenamiento jurídico español.

En aquellos países en los que la adopción es plena y se ha acreditado la concurrencia de todos los requisitos anteriormente mencionados, lo normal es que se proceda a la inscripción del niño en el Registro Civil Consular y en el Libro de Familia (a través del Consulado). No obstante, la familia puede optar por solicitar el visado de entrada en España y, una vez en el país, realizar la inscripción del niño en el Registro Civil Central y en el Libro de Familia, procedimiento menos recomendable que el anterior, ya que, si se procede al registro del menor en el Consulado, el niño adquiere automáticamente todos los derechos que la legislación española dispone, así como todos aquellos recursos de protección que las autoridades españolas, vía diplomática, establecen para los españoles que se encuentran fuera del territorio nacional.

En el supuesto de que la legislación del país de origen del niño contemple que la adopción no se constituye según consta en el ordenamiento jurídico español, tras la resolución judicial se procede a la emisión del visado de entrada en España (a través del Consulado de España en el país). A continuación, y con el fin de poder inscribir al niño en el Registro Civil Central y en el correspondiente Libro de Familia, para que adquiera a efectos legales el reconocimiento de la filiación adoptiva y la nacionalidad española, los interesados deberán solicitar el perfeccionamiento de la adopción, bien directamente ante las autoridades judiciales españolas, bien solicitando que el organismo competente en materia de adopción del país de origen traslade al organismo competente de la comunidad autónoma el expediente completo, con la finalidad de que se proceda a su reconocimiento. Este organismo, tras supervisar la legalidad del proceso, decide, en su caso, trasladar a la autoridad judicial la propuesta de adopción.

Una vez dictada la resolución judicial, será cuando se inscribirá al niño en el Registro Civil Central, sito en Madrid, así como en el Libro de Familia.

☐ **¿Cuáles son los trámites que hay que realizar en España cuando el menor ya se encuentra con su familia adoptiva?**

☐ Debe informarse al organismo oficial competente en España de la llegada del menor adoptado e inscribirlo en el Registro Civil Central. Este trámite puede efectuarse en el Registro Consular de la Embajada de España en el país de origen del menor.

ANEXOS

Fichas sobre la adopción en diferentes países

Este apartado tiene como objetivo proporcionar a todas aquellas personas interesadas en iniciar un procedimiento de adopción internacional la información básica necesaria, sintetizada en forma de fichas, para conocer las características generales de cada país en los que en la actualidad se están efectuando adopciones internacionales. Hay que tener en cuenta que la información contenida en estas fichas está sujeta a continuos cambios, por lo que, en el caso de que se quiera conocer con detalle la situación actual de la adopción en cualquiera de estos países, habrán de dirigirse a las autoridades competentes de la comunidad autónoma correspondiente o a entidades colaboradoras de la Administración en materia de adopción internacional.

Se facilitan fichas con información sobre los siguientes países:

— Bolivia	— Guatemala	— Perú
— Brasil	— Honduras	— República
— Bulgaria	— Hungría	Dominicana
— Burkina Faso	— India	— Rumanía
— Chile	— Madagascar	— Rusia
— China	— Marruecos	— Ucrania
— Colombia	— México	— Venezuela
— Costa Rica	— Nicaragua	— Vietnam

Bolivia

- **Información de interés:** recientemente ha entrado en vigor en este país el nuevo Código del Menor. En este texto se establece la obligatoriedad de firmar un convenio bilateral con Bolivia para poder tramitar adopciones internacionales. En estos momentos no existe acuerdo bilateral con España, por lo que las solicitudes de adopción en este país se encuentran paralizadas. A pesar de todo, aquellos expedientes de adopción que estuvieran en tramitación antes de la entrada en vigor de este Código no quedan afectados y continúan su tramitación. Aquellas familias que deseen adoptar en Bolivia habrán de considerar las características étnicas propias de los niños bolivianos.

- **Organismos competentes en Bolivia:** los juzgados y el Ministerio de Desarrollo Humano y Sostenible.

- **Requisitos para adoptar:**
  — poseer el certificado de idoneidad expedido por la autoridad competente de la comunidad autónoma en la que se resida;
  — ser mayor de 25 años;
  — no tener más de 55 años;
  — estar casado; se admiten también solicitudes de adopción de parejas de hecho pero no de personas solteras;
  — tener un trabajo o ingresos dignos y adecuados para el sostenimiento de una familia;
  — no tener antecedentes penales;
  — no padecer enfermedades que pongan en peligro la salud del menor;
  — acreditar la asistencia a los cursos de preparación para padres adoptivos.

- **Documentación necesaria:**
  — solicitud de adopción;
  — cuatro fotografías tamaño carné;
  — pasaporte actualizado y fotocopia del carné de identidad;
  — certificado de nacimiento y de matrimonio;
  — informe psicosocial;
  — certificados médicos de salud física, psíquica y de esterilidad;
  — certificado de antecedentes penales;
  — certificado de ingresos económicos;
  — poderes notariales a favor de la ECAI acreditada;
  — certificado conforme se han recibido cursos preparatorios;
  — certificado conforme se cumplen los requisitos de entrada de un menor extranjero en España con finalidad de adopción;
  — compromiso de transmitir informes de seguimiento del menor adoptado;
  — álbum familiar de fotografías.

- **Tramitación del expediente:** actualmente la tramitación del expediente debe realizarse a través de una entidad colaboradora de la Administración.
  La fase administrativa del procedimiento de adopción internacional se inicia con la presentación de la solicitud y los demás documentos necesarios ante el órgano administrativo competente de Bolivia. Este lo remitirá al Juzgado de Familia y se iniciará la fase judicial. En la parte preliminar de esta fase se producirá la asignación del menor a la familia. Una vez realizada la asignación, los padres adoptivos deberán viajar al país en un plazo no superior a veinte días, con la finalidad de aceptar al menor. La aceptación se hará por escrito y se tendrá que permanecer en el país un mínimo de 45 días para efectuar los trámites judiciales, el reconocimiento de la sentencia y la inscripción del menor en la delegación diplomática española en Bolivia.
  La legislación boliviana ha establecido un periodo de acoplamiento del menor con la familia. Además se exige transmitir un informe de seguimiento del menor. Tienen que enviarse informes semestrales durante dos años.

- **Gastos del proceso:** proceso de formación y de valoración de la idoneidad de los solicitantes (en algunas comunidades autónomas este informe es gratuito), tarifas de la ECAI e informes de seguimiento con los subsiguientes gastos de legalización y envío al país.

Brasil

- **Información de interés:** en este país existen varias autoridades centrales competentes en materia de adopción internacional en virtud de su organización política federal, y la documentación y los requisitos necesarios pueden variar según la CEJAI. La adopción en Brasil es plena.

- **Organismos competentes en Brasil:** CEJAI (Comissão Estatual Judiciária de Adoção Internacional). Cada estado federal tiene una CEJAI autónoma.

- **Requisitos para adoptar:**
— se permite la adopción a matrimonios, parejas de hecho y personas solas;
— hay que tener más de 25 años y menos de 60, y siempre se necesita que la diferencia de edad entre adoptante y adoptado no supere los 50 años;
— hay algunos estados en que se exige la adopción a través de ECAI.

- **Documentación necesaria:**
— solicitud de adopción;
— informe psicosocial;
— certificado de idoneidad;
— compromiso de seguimiento;
— certificados: médicos (de salud física y mental), de empadronamiento, de carecer de antecedentes penales, de bienes y de matrimonio;
— fotocopia de los pasaportes;
— certificado de requisitos de entrada de menores extranjeros;
— fotografías de los solicitantes, de sus familiares y de la vivienda;
— hay que enviar una plantilla de la CEJAI donde constarán las características de la familia que pretende adoptar;
— todos los documentos tienen que ser traducidos al brasileño por un traductor jurado; esta traducción podrá realizarse en España o en Brasil;
— los documentos oficiales son legalizados directamente por el Consulado. Aquellos que no son oficiales, como un certificado de empresa, necesitarán el reconocimiento de la firma por parte de un notario y posteriormente por el Consulado.

- **Tramitación del expediente:** completado el expediente de adopción en el país de los solicitantes se remite al organismo brasileño competente. Este proceso de recopilación de documentación lo realizan las ECAI. Ahora bien, si la elección ha sido adoptar sin intervención de entidad colaboradora porque el estado federal nos lo permite, el expediente tendrá que ser completado por los adoptantes. Este trabajo de recopilación incluye también la labor de traducir y legalizar los documentos.

    Recibido el expediente en Brasil, se producirá, en el supuesto de que todo sea correcto, la asignación por parte de la autoridad brasileña; posteriormente, en virtud de que Brasil se encuentra incluida en la relación de países firmantes del Convenio de La Haya, esta asignación tendrá que ser confirmada por la autoridad competente de la comunidad autónoma de los solicitantes.

    Una vez se ha producido la confirmación de la asignación, se tramitará el visado para poder entrar en el país. Se viajará hasta Brasil con el fin de completar los trámites judiciales de adopción y realizar un periodo de acoplamiento con el menor que ha sido entregado en adopción. Este periodo tiene una duración mínima de quince días para aquellos niños menores de dos años, y de treinta para los mayores de dos años.

    Antes de viajar de vuelta a España tiene que solicitarse a la autoridad brasileña competente un certificado conforme la adopción se ha desarrollado siguiendo lo previsto en el Convenio de La Haya. Después se acudirá al Consulado de España en Brasil para tramitar el pasaporte español, dar de alta al menor en el Consulado, emitir el certificado de nacimiento y la inscripción del menor en el Registro de Nacimiento firmado por el cónsul general.

    Además, cuando el juez lo considere necesario, tendrá que realizarse un seguimiento después de la adopción.

- **Gastos del proceso:** proceso de formación y de valoración de la idoneidad de los solicitantes (en algunas comunidades autónomas este informe es gratuito), informes de seguimiento y viaje y estancia en Brasil por un periodo mínimo de quince días.

Bulgaria

- **Información de interés:** existe la posibilidad de realizar la tramitación de la adopción a través de ECAI o por libre. En este último caso, habrá que contratar a un abogado para que represente a los adoptantes en Bulgaria. Los menores propuestos a parejas extranjeras suelen tener más de uno o dos años. Aquellas familias que deseen adoptar en Bulgaria habrán de considerar las características étnicas propias de los niños búlgaros. Los orfanatos búlgaros suelen elegir a las parejas que tienen hijos biológicos para asignar a niños que tienen algún tipo de dificultad.

- **Organismos competentes en Bulgaria:** Ministerios de Justicia, de Sanidad y de Educación.

- **Requisitos para adoptar:**
  — en la mayoría de orfanatos de este país se da prioridad a los matrimonios y parejas sin hijos; no aceptan parejas de hecho;
  — tendrán muchas más posibilidades de asignación aquellas parejas que no tengan hijos biológicos;
  — se exige tener más de 25 años. En el caso de un matrimonio, basta que uno de ellos tenga dicha edad. Se necesita siempre tener quince años más que el hijo adoptado.

- **Documentación necesaria:**
  — solicitud de adopción dirigida al Ministerio de Justicia búlgaro;
  — certificados de nacimiento y matrimonio;
  — certificado de ingresos o capacidad económica y de la propiedad inmobiliaria;
  — certificados médicos diversos;
  — certificado negativo de antecedentes penales;
  — declaración firmada ante notario de ausencia de sometimiento al niño a tratamientos experimentales, de no donación de partes de su cuerpo y de que no será devuelto de la adopción;
  — certificación oficial o acta notarial de manifestación de los solicitantes en el sentido de que no han estado privados de la patria potestad con anterioridad a la solicitud de adopción;
  — informe psicosocial;
  — certificado de idoneidad;
  — certificado oficial de reconocimiento en el Estado español de que el niño tendrá los mismos derechos que los demás ciudadanos y de que los solicitantes cumplen los requisitos de adopción establecidos en las leyes españolas;
  — tres cartas de recomendación;
  — poder notarial a nombre del abogado designado;
  — compromiso de seguimiento;
  — todo el expediente deberá ser traducido al búlgaro y legalizado mediante apostilla.

- **Tramitación del expediente:** puede tramitarse el expediente a través de una entidad colaboradora debidamente acreditada o por libre. En este último caso habrá de contratarse un abogado en Bulgaria para que represente a los solicitantes de adopción. Además, la confección del expediente habrán de realizarla los adoptantes, traduciendo y legalizando los documentos.
  Tras el estudio del expediente remitido a la autoridad central de Bulgaria, a través de la autoridad española, se producirá la asignación. En ese momento habrá que viajar al país para conocer al menor, y posteriormente se hará un segundo viaje para finalizar el proceso de adopción.
  Hay que señalar que es necesario realizar un seguimiento después de la adopción durante los dos años siguientes a la adopción. Este estudio consiste en la remisión de un informe de manera semestral.

- **Gastos del proceso:**
  — informe psicosocial;
  — tarifas de la ECAI si se elige adoptar a través de estas entidades;
  — tarifas del abogado que representa a los adoptantes en Bulgaria si la elección ha sido adoptar por libre;
  — los gastos de legalización y autenticación del expediente.

Burkina Faso

Información de interés: las autoridades competentes de este país pueden solicitar, en cualquier momento, documentación complementaria a la solicitada en el inicio del expediente de adopción. Hasta la fecha se han tramitado muy pocos expedientes de adopción en este país. El Código civil de Burkina Faso contempla dos modalidades de adopción: la simple y la plena.

• **Organismos competentes en Burkina Faso:** Ministerio de la Acción Social y de la Familia.

• **Requisitos para adoptar:**
— pueden acceder a ser padres adoptivos en este país aquellos matrimonios que acrediten haber convivido durante más de cinco años, y también personas solas, pero no está contemplada la adopción por parte de parejas de hecho;
— tener más de 30 años, y una diferencia mínima entre adoptante y adoptado de 15 años. En el caso de los matrimonios, basta con que uno de los solicitantes haya alcanzado la edad mencionada.

• **Documentación necesaria:**
— solicitud dirigida al Ministerio de Acción Social y de la Familia expresando en la misma cuáles han sido los motivos que les han llevado a iniciar el proceso de adopción internacional. En la misma solicitud deben indicar las características del menor que desean obtener en adopción;
— solicitud dirigida al presidente del tribunal de primera instancia de Uagadugú, indicando lo mismo que en la solicitud dirigida al Ministerio;
— certificado de idoneidad;
— informe psicosocial;
— certificado de nacimiento de los solicitantes;
— certificado de matrimonio en el caso de que se trate de una pareja;
— certificados médicos oficiales;
— certificado negativo de antecedentes penales;
— certificados de trabajo e ingresos;
— copia compulsada de los pasaportes;
— el expediente completo tiene que estar legalizado por el Ministerio de Asuntos Exteriores antes de ser traducido al francés por un traductor jurado.

• **Tramitación del expediente:** como se trata de un país que forma parte del Convenio de La Haya, el proceso que seguir para tramitar el expediente es el siguiente: el organismo competente de la comunidad autónoma donde residan los solicitantes envía el expediente al Ministerio de Acción Social y de la Familia. Posteriormente, este organismo estudiará una posible asignación, y en su caso, la remitirá a las autoridades españolas para que la hagan llegar hasta los solicitantes. Si estos aceptan, se tendrán que desplazar al país con el fin de ultimar el proceso de adopción ante el tribunal de primera instancia de la población donde residiera el menor en el momento de constituirse la adopción.

Constituida la adopción ante el juzgado competente, hay que solicitar antes del retorno a España un certificado en el que conste que la adopción ha sido constituida conforme lo dispuesto en el Convenio de La Haya. Este documento tendrá que ser emitido por el único organismo competente en la materia en ese país: el Ministerio de Acción Social y de la Familia.

Finalmente, los adoptantes deberán inscribir al menor en el Registro Civil de la Embajada de España.

• **Gastos del proceso:**
— los derivados de la obtención del certificado de idoneidad;
— traducción y legalización de los documentos;
— el país puede solicitar un seguimiento después de la adopción del menor; estos gastos son sufragados por los adoptantes.

Chile

- **Información de interés:** la posibilidad de ser adoptados está abierta para aquellos niños mayores de 3 años y menores de 10, pero puede haber excepciones. Los padres extranjeros sólo tienen la posibilidad de llevarse a un niño menor de 3 años si no ha sido acogido por ninguna de las otras familias chilenas en espera.

  En los últimos años se han podido realizar pocas adopciones de solicitudes extranjeras en este país. El tipo de adopción que tiene regulada Chile es la plena y la tramitación puede realizarse con y sin la intervención de una ECAI.

- **Organismos competentes en Chile:** SENAME (Servicio Nacional de Menores). Depende del Ministerio de Justicia.

- **Requisitos para adoptar:**
  — los matrimonios tienen que llevar un mínimo de dos años de convivencia. Cabe la posibilidad de que se produzca la adopción con un periodo menor de convivencia, pero en ese caso, uno de ellos debe acreditar infertilidad. Únicamente podrán adoptar personas solteras o viudas si residen de forma permanente en Chile;
  — en cuanto a la edad, pueden adoptar los mayores de 25 años y menores de 60. Tiene que existir una diferencia mínima de edad entre adoptante y adoptado de 20 años.

- **Documentación necesaria:**
  — certificado de nacimiento y de matrimonio de los solicitantes;
  — informe psicosocial y certificado de idoneidad;
  — certificado expedido por el cónsul chileno de profesión u honorario, si lo hubiere, en que conste que los solicitantes cumplen con los requisitos para adoptar según la ley de su país de residencia, o en su defecto, otro instrumento idóneo;
  — certificado de la autoridad de inmigración del país de residencia de los solicitantes en que consten los requisitos que el menor adoptado debe cumplir para ingresar al mismo;
  — certificado autorizado por el organismo gubernamental competente del país de residencia de los solicitantes, en que conste su legislación vigente en relación con la adopción, con especial señalamiento de los efectos que produce entre adoptantes y adoptado, y de la forma como opera el reconocimiento en ese país de una sentencia otorgada en Chile, así como acerca de la adquisición y pérdida de la nacionalidad del futuro adoptado;
  — informe social favorable emitido por el organismo estatal acreditado que corresponda al país de residencia de los solicitantes;
  — certificados que comprueben la salud física, mental y psicológica de los solicitantes, otorgados por profesionales competentes de su país de residencia;
  — antecedentes que acrediten la capacidad económica de los solicitantes y fotografías recientes;
  — tres cartas de honorabilidad o recomendación de los solicitantes;
  — toda la documentación del expediente deber ser autenticada y legalizada.

- **Tramitación del expediente:** la documentación exigida debe ser remitida para su legalización al cónsul chileno, y luego los documentos pasarán al Departamento de Legalizaciones del Ministerio de Relaciones Exteriores y, posteriormente, al Servicio Nacional de Menores (SENAME). Allí será revisado y analizado por el departamento jurídico, que determinará junto a otros profesionales del área social si las condiciones y aptitudes de los solicitantes son óptimas para la adopción. Una vez que los antecedentes son evaluados por el departamento social pasan a una lista de matrimonios extranjeros que solicitan adopción.

  Asignado el menor, la propuesta ha de ser aceptada por el organismo competente del país de los solicitantes y, posteriormente, también por ellos. En este momento se producirá el desplazamiento a Chile y tendrá lugar el procedimiento judicial. El tiempo de permanencia en el país es aproximadamente de un mes. Antes de regresar a España se tendrá que solicitar a la autoridad central chilena un certificado que acredite que en todo el procedimiento de adopción se han observado los principios establecidos en el Convenio de La Haya.

  Por requerimiento de las autoridades chilenas hay que enviar informes de seguimiento después de la adopción.

- **Gastos del proceso:** certificado de idoneidad (en algunas comunidades autónomas es gratuito); informes de seguimiento; legalización y autenticación de los documentos.

China

- **Información de interés:** se puede tramitar el expediente mediante una ECAI acreditada o bien a través del Consulado de China. En este último supuesto, la familia adoptante tiene que encargarse de preparar el expediente de adopción y legalizarlo. El tipo de adopción reconocida en China es la plena.

- **Organismos competentes en China:** el Centro Chino de Adopciones.

- **Requisitos para adoptar:**
— tener capacidad para mantener y educar al adoptado;
— no padecer enfermedades que se consideren inadecuadas para adoptar hijos;
— ser mayor de 30 y menor de 55 años;
— contar con la aprobación de la autoridad central en España (certificado de idoneidad);
— en principio sólo se puede adoptar a un niño o una niña;
— la autoridad china da prioridad a las solicitudes de matrimonios sobre las individuales;
— no tener hijos propios.

Excepciones: la adopción de niños huérfanos, minusválidos o abandonados, mantenidos por la organización de bienestar social, está libre de las tres últimas restricciones.

- **Documentación necesaria:**
— solicitud legalizada notarialmente donde conste el lugar y la fecha de nacimiento de los solicitantes, y la exposición de la causa de la solicitud de adopción de un menor chino, así como el compromiso de no abandonarlo ni maltratarlo, y de que este gozará de los mismos derechos que un hijo biológico;
— certificados: de nacimiento; de matrimonio (si es el caso), de trabajo, de propiedad, médico, de antecedentes penales y de idoneidad; informe psicosocial;
— talones bancarios a nombre del CCAA (importe variable);
— dos fotografías de los solicitantes y seis fotografías con escenas de la vida familiar, así como una declaración jurada de la familia en la que se nombra un tutor por si fallecieran los solicitantes;
— copia de los pasaportes, sin legalizar;
— certificado negativo de homosexualidad según las directrices del CCAA.

Toda la documentación debe estar traducida al idioma chino y autenticada legalmente hasta la vía diplomática, y hay que aportar las correspondientes tasas establecidas por el CCAA.

- **Tramitación del expediente:** la familia adoptante puede elegir tramitar el expediente libremente o a través de una ECAI. Este expediente tiene que ser encuadernado, con los diferentes documentos clasificados y ordenados, junto con tres copias, y se ha de enviar a la Embajada de España en China, que lo remitirá al organismo competente. La documentación tendrá que ser traducida por un traductor jurado, y habrá de ser legalizada por el Ministerio de Asuntos Exteriores y autenticada por el Consulado de China. Una vez que el expediente haya llegado a la CCAA, en un plazo aproximado de 6 a 18 meses se recibirá un expediente de preasignación. La asignación del menor ha de aceptarse por escrito, y a continuación las autoridades chinas enviarán la invitación de viaje. Por parte de la ECAI, se hará constar el día en que tienen que viajar a China para continuar el trámite y retirar al menor del orfanato. La estancia en el país es de diez a quince días. Durante ese tiempo tiene que suscribirse el acuerdo de adopción y cumplir los trámites de registro en el Departamento de Asuntos Civiles del Gobierno Popular en la provincia correspondiente. Se realizará la entrega del menor de manera oficial y la correspondiente protocolización notarial de la documentación que le afecte.

Constituida la adopción, hay que dirigirse al Departamento de Seguridad Pública para aportar la documentación de identificación del menor y los certificados de registro para que expidan su pasaporte. Toda la documentación china se tendrá que legalizar ante el Ministerio de Asuntos Exteriores de China.

Finalizado el proceso de adopción en China hay que dotar de eficacia a la misma en España. Las autoridades chinas obligan a la realización de dos informes de seguimiento posteriores.

- **Gastos del proceso:** gastos para obtener el certificado de idoneidad (en algunas comunidades autónomas es gratuito), tarifas de la ECAI y gastos en China.

Colombia

- **Información de interés:** la tramitación del expediente de adopción en Colombia puede realizarse a través de una ECAI o sin la intervención de la misma. El tiempo promedio de espera actual está entre los ⁻8 y 24 meses. El tipo de adopción que contempla la legislación colombiana es la plena.

- **Organismos competentes en Colombia:** Instituto Colombiano de Bienestar Familiar (ICBF).

- **Requisitos para adoptar:**
  - no se admiten las solicitudes de personas solteras, a excepción de que se pretenda adoptar a niños mayores o con disminuciones;
  - hay que tener una edad comprendida entre 25 y 50 años;
  - según el intervalo de edad en el que se encuentran los solicitantes de adopción, o también si estos pretenden adoptar a hermanos, varía la edad del menor susceptible de ser adoptado.

- **Documentación necesaria:**
  - habrá que cumplimentar la solicitud de adopción prevista por el Instituto Colombiano de Bienestar Social;
  - una fotografía, tamaño carné, de cada solicitante;
  - certificados: de nacimiento, de matrimonio, de idoneidad, de antecedentes penales, médico (legalizado por el colegio de médicos, y donde conste la salud física y mental de los solicitantes) y de ingresos económicos (última declaración de la renta);
  - en el caso de que alguno de los solicitantes estuviera separado o divorciado se precisará la sentencia de separación o divorcio donde consten las causas;
  - fotografías de la casa y del entorno familiar;
  - informe psicosocial;
  - carta dirigida al Instituto Colombiano de Bienestar Social indicando cuáles han sido los motivos que les han llevado a iniciar el proceso de adopción internacional. En la misma carta deberán explicar historias y vivencias de la pareja;
  - tres cartas de recomendación de personas que certifiquen que son aptos para adoptar;
  - certificado conforme se cumplen los requisitos establecidos para la entrada de un menor extranjero en España;
  - compromiso de enviar informes de seguimiento una vez que el menor haya sido adoptado.

- **Tramitación del expediente:** la adopción en Colombia puede realizarse con la intervención de una ECAI o sin ella. En este último caso, los adoptantes deberán realizar la labor de recopilación y legalización de documentación.

  El expediente será remitido por la autoridad competente en España al ICBF. Antes de esta remisión, el Consulado de Bolivia habrá legalizado y autenticado todo el expediente. Al llegar al ICBF se estudiará el expediente y se formulará la asignación. La autoridad competente en la materia en España, tal como establece el Convenio de La Haya, ha de dar el visto bueno a esta asignación antes de que la misma pueda llegar a los solicitantes.

  El viaje a Colombia se producirá una vez que se haya aceptado la asignación y previa tramitación de un visado especial que permita a los futuros adoptantes la entrada en el país. Con la estancia se prevé un breve periodo de acoplamiento entre adoptante y adoptado y formalizar los últimos trámites de la adopción.

  Constituida la adopción, hay que solicitar antes del retorno a España un certificado en el que conste que la adopción ha sido constituida conforme lo dispuesto en el Convenio de La Haya.

  Por último, formalizada la adopción y ya con el menor en España, hay que remitir un informe de seguimiento junto con un documento que acredite que el niño ha adquirido la nacionalidad española.

- **Gastos del proceso:** gastos ocasionados para obtener el certificado de idoneidad (en algunas comunidades autónomas es gratuito), gastos de la ECAI (si se decidió adoptar a través de ellos), gastos de legalización de documentos e informe de seguimiento.

Costa Rica

- **Información de interés:** los niños que suelen ser propuestos en adopción en Costa Rica son mayores de cuatro años o son grupos de hermanos. La documentación y requisitos que se citan a continuación pueden ser modificados a criterio del Patronato Nacional de la Infancia.

- **Organismos competentes en Costa Rica:** Patronato Nacional de la Infancia (PANI).

- **Requisitos para adoptar:**
  — en las solicitudes de adopción hechas por matrimonios sólo pueden acceder aquellos que lleven más de cinco años casados;
  — cabe la posibilidad de adopción por persona soltera;
  — se establece una edad mínima de 25 años y una máxima de 60. En cualquier caso, tendrá que haber siempre una diferencia de edad mínima de 15 años;
  — se puede tramitar a través de una ECAI o sin ella.

- **Documentación necesaria:**
  — solicitud del PANI debidamente cumplimentada;
  — certificados de nacimiento y de matrimonio, en su caso;
  — certificación médica que acredite que no se padece ningún tipo de enfermedad física o psíquica;
  — certificado negativo de antecedentes penales;
  — certificado de empresa donde consten los sueldos o declaración de la renta con la finalidad de acreditar que se encuentra en buena situación económica;
  — fotografías de los solicitantes;
  — informe psicosocial;
  — certificado de idoneidad.

- **Tramitación del expediente:** hay que enviar el original de todo el expediente y una fotocopia al Patronato Nacional de la Infancia. Previamente a su remisión, habrán sido legalizados y autenticados por el Consulado de Costa Rica. El PANI estudia el expediente y comunica la aprobación o no del mismo. En ese momento, el expediente queda a la espera de que se produzca una asignación. Cuando llegue la asignación, deberá ser revisada previamente por el organismo competente de la comunidad autónoma que ostenta la competencia de esta materia. Asignado el menor, se producirá el desplazamiento a Costa Rica para iniciar una breve estancia en el país con la finalidad de que haya un óptimo acoplamiento entre adoptantes y adoptado y ultimar el proceso judicial.
  Al tratarse de un país integrado en el Convenio de La Haya, antes de regresar a España se tendrá que solicitar al PANI un certificado que acredite que en todo el procedimiento de adopción se han observado los principios establecidos en el Convenio de La Haya.
  Durante los dos años siguientes a la constitución de la adopción hay que realizar un seguimiento del caso.

- **Gastos del proceso:**
  — los gastos ocasionados para obtener el certificado de idoneidad (en algunas comunidades autónomas es gratuito);
  — informes de seguimiento;
  — legalización de documentos;
  — si la familia tiene un apoderado en Costa Rica, deberán abonársele los honorarios.

Guatemala

- **Información de interés:** el tipo de adopción regulada en este país es la simple. Como consecuencia, será necesario convertirla en plena presentando demanda ante el juzgado competente en España. Según el orfanato al que se dirige la solicitud de adopción varían ligeramente los requisitos.

- **Organismos competentes en Guatemala:**
  — Oficina de Bienestar Infantil y Familiar de la Secretaría de Bienestar Social;
  — orfanatos acreditados.

- **Requisitos para adoptar:**
  — pueden acceder a la adopción tanto matrimonios con hijos o sin hijos como personas solteras;
  — hace falta tener más de 25 años de edad.

- **Documentación necesaria:**
  — solicitud de adopción;
  — fotocopia del DNI o pasaporte de los solicitantes;
  — certificado de matrimonio, en su caso;
  — certificado literal de nacimiento;
  — certificado de trabajo en caso de ser trabajador por cuenta ajena;
  — certificado de la Cámara de Comercio si es autónomo;
  — certificado bancario;
  — fotografías recientes, tamaño carné, de los solicitantes;
  — certificado médico oficial de salud física y mental;
  — certificado negativo de antecedentes penales;
  — informe psicosocial;
  — certificado de idoneidad;
  — tres cartas de recomendación de personas que certifiquen la aptitud para adoptar.

- **Tramitación del expediente:** la tramitación puede realizarse a través de una ECAI o por libre. Según la comunidad autónoma de origen no existe posibilidad de elegir. En cualquier caso, el contenido del expediente, debidamente legalizado por el Consulado de Guatemala y por el Ministro de Asuntos Exteriores de ese país, se remitirá al orfanato elegido.
  Recibida la propuesta de asignación, tendrán que desplazarse al país para ultimar los trámites de adopción.
  Una vez en España, habrá de solicitarse la adopción plena en los tribunales competentes de la comunidad autónoma, elaborando previamente un informe de seguimiento de la adopción que deberá ser entregado en el juzgado.

- **Gastos del proceso:**
  — gastos ocasionados para obtener el certificado de idoneidad (en algunas comunidades autónomas es gratuito);
  — tarifas de la ECAI, en el caso de que se haya optado por acudir a ella;
  — tramitación y legalización de documentación;
  — informes de seguimiento.

Honduras

- **Información de interés:** para que un niño pueda ser candidato a adopción tiene que pertenecer al programa del Instituto Hondureño Nacional de la Infancia y la Adopción. La pertenencia a este programa queda determinada por el hecho de ser huérfano, abandonado o porque sus padres han dado el consentimiento a la adopción. El tipo de adopción establecido en este país es la plena.

- **Organismos competentes en Honduras:** Instituto Hondureño Nacional de la Infancia y la Adopción.

- **Requisitos para adoptar:**
  — la legislación hondureña permite adoptar tanto a matrimonios como a personas solteras. En el caso de los matrimonios, sólo establece una condición: la convivencia de la pareja un mínimo de tres años con anterioridad a la adopción;
  — se necesita tener un mínimo de 25 años y un máximo de 51;
  — el niño debe ser como mínimo 15 años menor que el adoptante. En caso de que optara a la adopción una pareja, la diferencia ha de ser con el miembro de la pareja de menor edad.

- **Documentación necesaria:**
  — solicitud de adopción;
  — certificado literal de nacimiento;
  — certificado de matrimonio, en su caso;
  — certificados médicos de salud física y psíquica;
  — certificados de trabajo;
  — dos fotografías tamaño carné, en color, y fotografías del entorno familiar, tanto de la vivienda como de la familia extensa;
  — certificado de idoneidad;
  — informe psicosocial;
  — certificado bancario de los saldos de sus cuentas corrientes;
  — certificado de bienes inmuebles;
  — fotocopia de los pasaportes;
  — el cónsul de Honduras de la provincia de los solicitantes debe certificar que cumplen los requisitos establecidos en su propia legislación;
  — compromiso de remitir informe de seguimiento;
  — certificado conforme se cumplen los requisitos de entrada de un menor extranjero;
  — una copia sobre la ley de adopciones del país de los solicitantes.

- **Tramitación del expediente:** la documentación indicada en el apartado anterior tiene que ser autenticada por el Consulado de Honduras de la correspondiente provincia del país de los adoptantes y, posteriormente, por el Ministerio de Asuntos Exteriores de Honduras. Tras la correspondiente legalización, deberá ser remitido al Instituto Hondureño Nacional de la Infancia y la Adopción, que realizará la preasignación.

  Los adoptantes deberán indicar si aceptan o no la asignación. En caso afirmativo, se tendrán que desplazar a Honduras para realizar una serie de entrevistas previas a conocer al niño asignado.

  Tras esta primera etapa se iniciará la fase judicial. En la misma, los adoptantes tendrán que haber contratado un representante de nacionalidad hondureña para que comparezca y actúe en su nombre en el procedimiento judicial.

  Constituida la adopción ante el competente órgano judicial de Honduras, podrán iniciar su retorno a España.

  Hasta que el menor alcance los 14 años de edad, los solicitantes tendrán que remitir informes de seguimiento.

- **Gastos del proceso:**
  — los gastos ocasionados para obtener el certificado de idoneidad (en algunas comunidades autónomas es gratuito);
  — tarifas de la ECAI, en el caso de que se haya optado por acudir a ella;
  — tramitación y legalización de documentación;
  — informes de seguimiento.

Hungría

- **Información de interés:** en este país, la adopción la constituye un organismo administrativo. Las adopciones internacionales que se han realizado en los últimos años en Hungría han sido fundamentalmente de niños en alguna de estas situaciones: niños con disminución, menores pertenecientes a alguna minoría étnica y niños mayores de 7 años. El tipo de adopción contemplada en Hungría es la plena.

- **Organismos competentes en Hungría:** Instituto Nacional para la Protección de la Familia y el Menor.

- **Requisitos para adoptar:**
  — pueden adoptar en Hungría matrimonios y personas solteras de sexo femenino;
  — el adoptante debe ser mayor de edad;
  — si el solicitante está casado, se necesita el consentimiento del cónyuge, a no ser que estuvieran separados.

- **Documentación necesaria:**
  — tiene que presentarse una solicitud de adopción en la que se expresen las características del niño que se desea adoptar y la causa que ha motivado esta solicitud en Hungría;
  — declaración de los solicitantes expresando que consiente en ser incluidos en el listado oficial de solicitantes de adopción;
  — certificado de idoneidad;
  — informe psicosocial;
  — partidas de nacimiento;
  — certificado de matrimonio;
  — certificado de ingresos económicos;
  — certificado de antecedentes penales;
  — certificados médicos oficiales de salud física y mental;
  — fotografías de los solicitantes, de la vivienda y de los familiares próximos;
  — certificado conforme se cumplen los requisitos establecidos para la entrada de un menor extranjero en España con finalidad de adopción.

- **Tramitación del expediente:** todo el expediente deberá ir apostillado o autenticado por el Consulado de Hungría de la ciudad del solicitante y enviarse al Instituto Nacional para la Protección de la Familia y el Menor. Una vez recibido, el mencionado Instituto informará a los solicitantes de su inclusión en una lista de espera. Los niños adoptables constan inscritos en un fichero central. Tras el estudio pertinente se realizará la asignación.
  A partir de ese instante, el expediente del niño se trasladará al organismo competente de la comunidad autónoma, que se encargará de informar a los candidatos de la propuesta efectuada. Posteriormente, el organismo tutelar de menores citará a los solicitantes. Estos deberán viajar al país y permanecer allí un mínimo de un mes.
  Finalmente, tras ese mes de convivencia con el menor, el Instituto Nacional para la Protección de la Familia y el Menor dictará resolución decretando la adopción y realizará las gestiones pertinentes para obtener el pasaporte y la autorización de salida del menor de Hungría.
  La inscripción del menor tendrá que hacerse en la Embajada de España en Budapest o en el Registro Civil Central.

- **Gastos del proceso:**
  — los gastos ocasionados para obtener el certificado de idoneidad (en algunas comunidades autónomas es gratuito);
  — informes de seguimiento.

India

• **Información de interés:** según el orfanato elegido puede haber diferencias en la documentación requerida y en los criterios de selección. La tramitación en este país tiene que realizarse a través de entidades colaboradoras y el procedimiento de adopción puede tener una duración aproximada de dos a tres años.

En un principio se constituye una tutela adoptiva y, posteriormente, en el país de los adoptantes, se solicitará la constitución de la adopción plena ante el órgano judicial competente. Los matrimonios estériles, sin hijos, tendrán preferencia respecto a los demás.

• **Organismos competentes en la India:** Central Adoption Resource Agency (CARA).

• **Requisitos para adoptar:**
— en lo relativo a la edad necesaria basta la mayoría de edad. Ahora bien, se exige que exista una diferencia de edad con el menor máxima de 40 años;
— solamente podrán adoptar las personas casadas y las mujeres solteras. No se permite la adopción a parejas de hecho ni a hombres solteros;
— en el supuesto de solicitud de adopción realizada por matrimonio se precisará el consentimiento de los dos miembros de la pareja.

• **Documentación necesaria:**
— solicitud dirigida al director del orfanato;
— declaración de Hacienda: certificación de los tres últimos ejercicios;
— referencias bancarias;
— nota simple del detalle de las propiedades; se obtiene en el Registro de la Propiedad;
— declaración de salud de los padres adoptivos y declaración sobre la custodia del niño;
— compromiso de realizar la adopción plena en un plazo máximo de dos años;
— declaración de los padres adoptivos de proporcionar al niño la educación necesaria;
— compromiso de los padres de sufragar los gastos de manutención;
— fotocopias compulsadas por el notario de los pasaportes;
— tres o más cartas de recomendación; el notario también debe encargarse de legitimar las firmas;
— certificados: médicos (han de ser oficiales), de antecedentes penales, de matrimonio, de trabajo o empresa (con firma reconocida por el notario), de requisitos de entrada de un menor en España y de idoneidad;
— informe psicosocial: deberá ser legalizado en Madrid por el Ministerio de Asuntos Exteriores o la Embajada de la India;
— compromiso del organismo competente de la comunidad autónoma de realizar el seguimiento del niño; deberá ser legalizado en Madrid por el Ministerio de Asuntos Exteriores o la Embajada de la India;
— autorización para la adopción por parte del país de los padres;
— compromiso del organismo competente de la comunidad autónoma de ayudar al niño en caso necesario;
— fotografías de los padres adoptivos, de la casa y de la familia.

• **Tramitación del expediente:** todos los documentos han de ser traducidos al inglés por un traductor jurado, y han de ser legalizados por el Ministerio de Asuntos Exteriores y la Embajada de la India. El expediente, completo y legalizado, se enviará al CARA y a la Agencia India de Adopción. Esta última enviará a los adoptantes, a través de la ECAI, un pequeño informe sobre el menor propuesto. Una vez aceptada la asignación, los padres tendrán que viajar a la India para iniciar el periodo de adaptación. La permanencia en el país será de quince días como máximo. Un tribunal local acordará la constitución de la tutela y después podrán viajar de regreso con el niño a España. Durante los primeros dos años tendrán que enviar informes de seguimiento del menor en intervalos trimestrales. A partir del tercer año, semestralmente. Como el menor llega a España como *tutelado*, es necesario que la familia tramite ante los juzgados españoles la constitución de la adopción.

• **Gastos del proceso:** la familia tiene que asumir los gastos de manutención del niño y tramitación del expediente desde el momento en que se produce la asignación del menor. También tendrá que asumir los gastos ocasionados para obtener el certificado de idoneidad (en algunas comunidades autónomas es gratuito), los informes de seguimiento y las tarifas de la ECAI.

Madagascar

- **Información de interés:** la adopción se constituye por decisión judicial. El tipo de adopción es la plena; sin embargo, la legislación del país también reconoce la adopción simple. Existe la posibilidad de tramitar la adopción a través de un organismo acreditado o remitiendo directamente el expediente a través de la autoridad central de España al organismo competente de Madagascar.
Las leyes del país establecen la prohibición de adoptar a más de tres menores.

- **Organismos competentes en Madagascar:** Comisión Interministerial para la Adopción. Secretariado del Estado para la Población.

- **Requisitos para adoptar:**
  — se aceptan solicitudes de adopción tanto a matrimonios como a personas solteras; sin embargo, se da preferencia a los primeros;
  — no tener más de dos hijos; si se tienen dos, al menos uno debe ser mayor de 30 años.

- **Documentación necesaria:**
  — solicitud de adopción;
  — certificado de idoneidad;
  — informe psicosocial;
  — fotocopia del Libro de Familia;
  — certificado de matrimonio;
  — certificados de nacimiento;
  — certificado de antecedentes penales;
  — certificados de empresa;
  — certificados médicos oficiales relativos a salud física y mental;
  — compromiso de los solicitantes de enviar anualmente, hasta la mayoría de edad del menor, un informe con fotografías de la familia;
  — certificado de buenas costumbres que tiene que ser emitido por el alcalde de la ciudad o población de residencia;
  — carta de recomendación de un sacerdote de la parroquia.

- **Tramitación del expediente:** los documentos que integran el expediente de adopción tendrán que ser traducidos a francés por un traductor jurado, y después legalizados y autenticados por el Consulado de Madagascar de la ciudad de los solicitantes.
Una vez legalizados los documentos, el procedimiento se inicia remitiendo el expediente al Servicio de Infancia de Madagascar, que facilitará un listado de orfanatos a los que podrán dirigirse para gestionar directamente la adopción con la entidad.
Elegido el menor que se va a adoptar, tras dirigirse directamente al orfanato, se tendrá que enviar una carta y el expediente legalizado al presidente del tribunal de primera instancia del lugar de residencia del menor solicitando la constitución de la adopción.
Habrá que viajar a Madagascar con el fin de que se produzca un breve periodo de acoplamiento con el menor. Durante esta estancia se ultiman los trámites judiciales.
Emitida la decisión judicial, se podrá regresar a España, sabiendo que la legislación de Madagascar obliga a los adoptantes a enviar informes de seguimiento del menor hasta que sea mayor de edad.
Finalizado el proceso adoptivo, la inscripción en el Registro Civil español ha de efectuarse en la Embajada de España en Sudáfrica, ya que Madagascar carece de Embajada.

- **Gastos del proceso:**
  — los gastos ocasionados para obtener el certificado de idoneidad (en algunas comunidades autónomas es gratuito);
  — los gastos de traducción, legalización y envío de toda la documentación.

Marruecos

- **Información de interés:** la adopción no existe en el ordenamiento jurídico de Marruecos. La figura jurídica que se aplica en este país es el *kafalah*, que equivale al acogimiento español. El *kafalah* se constituye obteniendo una autorización administrativa y un acta notarial de entrega del menor. Después de la autorización judicial se podrá viajar con el menor fuera del territorio de Marruecos. Finalmente, cuando la familia se encuentra en territorio español puede constituirse la adopción.
Los niños adoptables son menores abandonados y mayoritariamente menores de tres años.

- **Organismos competentes en Marruecos:**
— centro de puericultura Lalla Meriem;
— al existir una descentralización importante en Marruecos, sólo se indican a continuación los organismos competentes de la región de Rabat-Salé: Wilaya (prefectura urbana) de Rabat-Salé, notarios de la sección notarial del tribunal de primera instancia de Rabat y el tribunal del juez encargado de asuntos notariales y de menores de Rabat.

- **Requisitos para adoptar:**
— únicamente pueden tener acceso a esta figura los matrimonios que hayan convivido un mínimo de tres años antes de formular su solicitud;
— certificado de conversión al islamismo.

- **Documentación necesaria:**
— certificado de matrimonio (antigüedad mínima de 3 años);
— certificado de conversión al islamismo;
— certificado de residencia durante el proceso y de antecedentes penales;
— carta de presentación del Consulado de España (si la adopción es en Rabat);
— partida literal de nacimiento de cada uno de los solicitantes y traducción jurada (al francés);
— certificado médico de los adoptantes y traducción jurada (al francés);
— certificado del contrato de trabajo y de ingresos económicos de los solicitantes con la correspondiente traducción jurada al francés;
— informe psicosocial;
— dos fotografías de los solicitantes;
— demanda legalizada de adopción;
— certificado legalizado de residencia durante el proceso;
— fotocopias compulsadas (en Marruecos) de los certificados de conversión de los esposos;
— carta de presentación del cónsul español (si se adopta en Rabat);
— informe de idoneidad emitido por el órgano competente de la comunidad autónoma;
— fotocopias compulsadas (en Marruecos) de los pasaportes de los solicitantes.

- **Tramitación del expediente:** el proceso se realiza directamente por los interesados ante las autoridades administrativas y judiciales marroquíes. Previamente, los futuros adoptantes se habrán puesto en contacto con los orfanatos o centros de acogida de menores existentes en Marruecos. Si el centro escogido se encuentra en Rabat, el proceso constará de dos partes: la primera, en la que se producirán los trámites administrativos y que culminará con la presentación de la demanda de adopción, y la segunda, en la que se realizarán los trámites judiciales y que acabará con la adopción del menor.
La estancia en Rabat será aproximadamente de entre quince y veinte días por fase. Entre la etapa administrativa y la judicial pueden transcurrir dos o tres meses.
Todo el expediente deberá ser traducido al francés. La traducción jurada puede hacerse en España, pero se recomienda hacerla en Marruecos en el caso de que hayamos escogido Rabat como lugar de adopción.
Existe un acuerdo entre España y Marruecos referente a la validez de los documentos expedidos en este último. De todas formas, es muy recomendable que las firmas de todos los documentos estén legalizadas por el Consulado de Marruecos en España.

- **Gastos del proceso:** gastos ocasionados para obtener el certificado de idoneidad (en algunas comunidades autónomas es gratuito), gastos originados en España por la contratación de abogado y procurador para constituir válidamente la adopción y tramitación y legalización de documentación.

México

- **Información de interés:** el periodo medio que hay que esperar para la asignación de un menor de origen mexicano supera en la actualidad los dos años. Los menores susceptibles de adopción internacional tienen, en principio, más de tres años.
La organización política mexicana divide el país en estados federales. Por esta razón existen estados que regulan la adopción plena, y otros, la simple. En la actualidad, los estados mexicanos que contemplan la adopción plena son los siguientes: Baja California, Coahuila, Distrito Federal, Durango, Estado de México, Guanajuato, Guerrero, Hidalgo, Jalisco, Morelos, Nuevo León, Oaxaca, Puebla, Quintana Roo, San Luis Potosí, Tabasco, Veracruz y Zacatecas. No se puede remitir un expediente de adopción a dos estados mexicanos a la vez.

- **Organismos competentes en México:** sistemas estatales para el Desarrollo Integral de la Familia (DIF). Cada estado federal de México tiene uno, con funcionamiento autónomo.

- **Requisitos para adoptar:**
— matrimonios con o sin hijos;
— ser mayor de 25 años; en el caso de los matrimonios es suficiente que un miembro de la pareja haya alcanzado dicha edad.

- **Documentación necesaria:**
— tiene que presentarse una solicitud de adopción dirigida al DIF del estado federal que se haya escogido;
— certificado de idoneidad;
— informe psicosocial;
— partidas de nacimiento;
— certificado de matrimonio;
— certificado de ingresos económicos;
— certificado de antecedentes penales;
— certificados médicos oficiales de salud física y mental;
— resultados de las pruebas del VIH;
— fotografías de los solicitantes, de la vivienda y de los familiares próximos;
— certificado conforme se cumplen los requisitos establecidos para la entrada de un menor extranjero en España con finalidad de adopción;
— dos cartas de recomendación de personas que certifiquen la aptitud de los solicitantes para adoptar;
— compromiso de seguimiento;
— poderes notariales.

- **Tramitación del expediente:** cuando el correspondiente Sistema Nacional o Estatal para el Desarrollo Integral de la Familia haya remitido a la autoridad central de España el informe sobre las características del menor propuesto en adopción, los solicitantes, a través de su autoridad central o de la entidad colaboradora, deberán aportar la autorización para que se realice el proceso judicial correspondiente.
El organismo competente en la comunidad autónoma tiene que dar el visto bueno a la adopción propuesta antes de que esta llegue a los solicitantes.
Previamente al viaje al país, se necesita un documento que expide el Consulado de México. Con este documento se podrá viajar a México para completar los trámites judiciales de la adopción e iniciar un periodo de acoplamiento con el niño asignado que varía según el estado elegido.
Al ser un país firmante del Convenio de La Haya, antes de iniciar el regreso habrá que dirigirse a la Secretaría de Relaciones Exteriores de México para que emita el certificado acreditativo conforme se han observado los principios establecidos en el Convenio.
En España, según el tipo de adopción contemplada por el estado de origen del menor, habrá que dirigirse a los órganos judiciales correspondientes para convertir en plenas las adopciones simples.
Se exige el envío de informes de seguimiento.

- **Gastos del proceso:** los gastos ocasionados para obtener el certificado de idoneidad (en algunas comunidades autónomas es gratuito) y los informes de seguimiento.

Rusia

• **Información de interés:** el tipo de adopción reconocida es la plena. El menor llega a España con la nacionalidad española.

Hay que tener en cuenta que en algunas regiones rusas se exige la estancia de los solicitantes en el lugar donde se encuentra el menor en dos momentos distintos del proceso. Esto provocará una estancia más prolongada en el país o viajar dos veces al sitio donde va a producirse la adopción.

La tramitación puede hacerse por libre o a través de una ECAI.

• **Organismos competentes en Rusia:** Ministerio de Educación de la Federación Rusa.

• **Requisitos para adoptar:**
— pueden adoptar matrimonios o personas solteras, pero no está contemplada la adopción para parejas de hecho;
— hay que tener más de 25 años; en el caso de los matrimonios es suficiente que haya alcanzado dicha edad un miembro de la pareja;
— los solicitantes han de tener, como mínimo, 16 años más que el menor.

• **Documentación necesaria:**
— solicitud de adopción;
— fotografías de los solicitantes, del entorno familiar y de la vivienda;
— fotocopia del Libro de Familia;
— autobiografía de los miembros de la pareja;
— informe psicosocial;
— certificado de idoneidad;
— compromiso de seguimiento después de la adopción;
— certificado médico original que acredite no padecer enfermedades infectocontagiosas ni cualquier otra que dificulte el cuidado del menor;
— certificado literal original de la inscripción de nacimiento de los solicitantes;
— certificado original de matrimonio o convivencia;
— certificado de empadronamiento original;
— certificado de ingresos, emitido por la empresa, en el que conste el sueldo anual en euros y en dólares;
— certificado de bienes;
— certificado de propiedad de la vivienda o el contrato de alquiler;
— certificado negativo de antecedentes penales;
— certificado o informe bancario de solvencia económica;
— fotocopia de la ley de adopción del país de los adoptantes.

• **Tramitación del expediente:** los documentos deben ser traducidos al ruso por un traductor jurado, y esta traducción tiene que ser compulsada por el Consulado de la Federación Rusa.

El expediente queda registrado en la región de la Federación de Rusia, Ministerio de Educación y Formación Profesional, donde quedará constancia de la existencia de un menor susceptible de ser adoptado porque necesita una familia. Esto se comunica a la Administración española y, posteriormente, a la propia familia solicitante de adopción.

Los menores son preasignados por el Banco de Datos Federal de los Menores Huérfanos.

Una vez aceptado el menor, tanto por la Administración española como por la familia adoptante, hay que esperar que el Departamento de Tutela, Protección y Adopciones de la región en concreto cite a la familia para la visita del encuentro con el menor.

En algunas regiones, esta visita se realiza en el momento en que va a producirse el juicio de adopción, con lo que sólo será necesario un desplazamiento para constituirla. En otras, en cambio, se necesitan dos viajes, uno para conocer al menor asignado, y otro en el momento en que se constituya judicialmente la adopción. Pasarán diez días desde que se dicte la sentencia judicial hasta que el menor pueda salir del país.

Las autoridades rusas solicitan la realización de seguimiento después de la adopción.

• **Gastos del proceso:** gastos ocasionados para obtener el certificado de idoneidad (en algunas comunidades autónomas es gratuito), informes de seguimiento, gastos de legalización y autenticación de documentos, gastos de compulsas y obtención de visados en Rusia y tarifas de la ECAI.

Ucrania

• **Información de interés:** Ucrania no es un país firmante del Convenio de La Haya. Su legislación interna prohíbe expresamente la acreditación de una ECAI. El tipo de adopción es la plena y se constituye mediante sentencia judicial. Para la adopción internacional únicamente están disponibles niños inscritos durante un año en el registro del Centro de Adopción del Ministerio de Educación.

• **Organismos competentes en Ucrania:** Centro de Adopción de Ucrania. Depende del Ministerio de Educación y del Parlamento de Ucrania.

• **Requisitos para adoptar:**
— ser mayor de 25 años de edad. La diferencia de edad máxima entre adoptante y adoptado será de 45 años;
— se permite la adopción tanto a matrimonios como a personas solteras. No está permitida la adopción a parejas de hecho.

• **Documentación necesaria:**
— petición de adopción dirigida al Centro Ucraniano de Adopción. Se realiza personalmente ante notario. La legalización de la firma del notario la realizará el Colegio de Notarios. La legalización de la firma del Colegio de Notarios la realizará el Ministerio de Justicia de Madrid, y esta última firma la legalizará el Ministerio de Asuntos Exteriores;
— informe psicosocial;
— certificado de idoneidad;
— certificado conforme se cumplen los requisitos de entrada del menor con finalidad de adopción;
— acta de compromiso contraído con la Administración ucraniana. Con este documento, los solicitantes se comprometen a inscribir al niño en el Consulado de Ucrania, realizar informes de seguimiento después de la adopción y permitir que el oficial de la Embajada de Ucrania en España se comunique con el niño;
— certificado de ingresos económicos;
— certificado médicos;
— certificado de matrimonio;
— fotocopias de los pasaportes o DNI;
— certificado negativo de antecedentes penales;
— documento notarial mediante el cual otorgan poderes a favor de la persona elegida por los solicitantes para representarlos en Ucrania.

• **Tramitación del expediente:** la tramitación por mediación de una ECAI no está permitida en Ucrania. Los documentos que integran el expediente habrán sido reunidos, legalizados y autenticados por los solicitantes de adopción. Estos documentos tienen una validez de un año y han de estar traducidos al ucraniano para poder ser presentados ante las autoridades de este país. Esta presentación tiene que realizarla el organismo competente de la comunidad autónoma de residencia de los adoptantes. Este organismo será también el encargado de comunicar la propuesta formulada por las autoridades ucranianas a los solicitantes.

Aceptada la propuesta, tendrán que viajar a Ucrania para efectuar la aceptación formal de la asignación, conocer al menor y realizar las últimas gestiones antes de regresar con el niño a España.

Al llegar a España, los adoptantes disponen de un mes para presentarse ante el Consulado de Ucrania, identificarse y presentar el documento que autoriza al menor a salir del país.

Hasta que el menor alcance la mayoría de edad los padres adoptivos tienen que entregar informes sobre el menor en la Embajada o Consulado de Ucrania.

• **Gastos del proceso:** gastos ocasionados para obtener el certificado de idoneidad (en algunas comunidades autónomas es gratuito), informes de seguimiento y gastos de legalización y autenticación de documentos.

Nicaragua

- **Información de interés:** existe la posibilidad de elegir tramitar la adopción a través de una ECAI acreditada o de iniciar la tramitación acudiendo a la Embajada o Consulado de Nicaragua. En este último supuesto, el organismo competente en la materia de la comunidad autónoma en la que residan los solicitantes de adopción se encargará de enviar el informe psicosocial, el certificado de idoneidad y el compromiso de seguimiento a la representación consular de Nicaragua. El tipo de adopción reconocida es la plena.

- **Organismos competentes en Nicaragua:** Ministerio de la Familia.

- **Requisitos para adoptar:**
— se permite adoptar a matrimonios, parejas de hecho y personas solteras;
— es necesario tener una edad comprendida entre 25 y 40 años, y tiene que haber una diferencia mínima de edad entre adoptantes y adoptado de 15 años.

- **Documentación necesaria:**
— rellenar la solicitud que proporciona el Ministerio de la Familia;
— certificados de nacimiento del matrimonio o pareja y de los hijos en el caso de tenerlos;
— dos fotografías tamaño carné de los solicitantes y fotografías del entorno familiar más cercano y de la vivienda;
— certificado de matrimonio;
— certificados médicos de salud física y psíquica;
— certificado negativo de antecedentes penales;
— certificado de ingresos familiares;
— en caso de tener bienes inmuebles, certificado expedido por el Registro de la Propiedad o fotocopias compulsadas por notario de las escrituras;
— informe psicosocial;
— certificado de idoneidad;
— compromiso de seguimiento del menor.

- **Tramitación del expediente:** puede realizarse la tramitación por medio de una ECAI o de manera particular. En ambos casos, el expediente tiene que ser legalizado por el Ministerio de Asuntos Exteriores y autenticado por el Consulado o la Embajada de Nicaragua.
Recibido el expediente, el Ministerio de la Familia de Nicaragua es el organismo encargado de formular la propuesta de adopción. Cuando esto suceda tendrá que comunicarse primero a la autoridad competente en España para que la transmita, si considera la propuesta adecuada, a los solicitantes.
A partir de la aceptación de la propuesta, tendrán que desplazarse al país con la finalidad de iniciar una breve estancia que servirá de acoplamiento para el menor y los adoptantes. Después de estos contactos se emitirá un informe de adaptación y se ultimarán los detalles judiciales.
Se necesita aproximadamente un mes o mes y medio de estancia en el país para adoptar en Nicaragua. Esta permanencia varía ligeramente en función de la edad del niño o niña propuesto.
El menor entrará en España con la nacionalidad española.

- **Gastos del proceso:**
— los gastos ocasionados para obtener el certificado de idoneidad (en algunas comunidades autónomas es gratuito);
— gastos originados en España para la contratación de la ECAI, en el supuesto de haber elegido tramitar a través de ella;
— tramitación y legalización de documentación;
— informes de seguimiento.

Perú

- **Información de interés:** resulta obligatorio adoptar a través de una ECAI por exigencia de la normativa de Perú. Están exentos de esta obligatoriedad las parejas peruanas que residen en España o aquellas en las que uno de los miembros tiene la nacionalidad peruana. Existen más posibilidades de adoptar en este país cuando al menos uno de los miembros de la pareja tenga un nivel de estudios medio o superior. Las autoridades peruanas admiten que los adoptantes insten solicitudes de adopción conjuntamente con otro país siempre y cuando los mismos estén dispuestos a aceptar los menores de uno y otro país.

- **Organismos competentes en Perú:** Ministerio de Promoción de la Mujer y del Desarrollo Humano (PROMUDEH).

- **Requisitos para adoptar:**
  — no está permitida la adopción a parejas de hecho. Únicamente pueden adoptar matrimonios o personas solteras que acepten niños mayores de 6 años o con alguna discapacidad;
  — aquellos matrimonios que tengan dos o más hijos sólo podrán optar a la adopción de niños mayores de 5 años o con alguna discapacidad;
  — en lo que se refiere a la edad requerida para adoptar, las autoridades peruanas fijan los menores adoptables en función de la edad de los solicitantes. De esta manera:
  a) Matrimonios de 25 a 40 años podrían adoptar a niños de hasta 3 años.
  b) Matrimonios de 41 a 50 años podrían adoptar a niños de 3 a 4 años.
  c) Matrimonios de 51 a 55 años podrían adoptar a niños de 4 a 5 años.

- **Documentación necesaria:**
  — certificados médicos en los que se especifique que no se padece ninguna enfermedad infectocontagiosa, hepatitis, HIV, enfermedad venérea ni enfermedad psíquica alguna. Se deben adjuntar las analíticas negativas relativas a estas enfermedades. Este documento caduca a los 6 meses;
  — certificado de antecedentes penales; caduca a los 3 meses;
  — certificado de Hacienda sobre la ultima declaración de la renta; (se pide en la Delegación de Hacienda correspondiente, hay que especificar que se solicita para una adopción internacional, a efectos de legalización);
  — certificados literales de nacimiento;
  — certificado literal de nacimiento de los hijos;
  — certificado literal de matrimonio;
  — requisitos de inmigración del menor;
  — certificado de empadronamiento;
  — carta dirigida a la Oficina de Adopciones, firmada por los solicitantes;
  — copia de la solicitud de adopción internacional;
  — fotografías tamaño carné de los solicitantes, del entorno familiar y de la vivienda;
  — legalización de pasaporte; fotocopia;
  — informe psicosocial;
  — certificado de idoneidad;
  — compromiso de seguimiento.

- **Tramitación del expediente:** el expediente completo tiene que estar legalizado y autenticado por el Consulado de Perú y por el Ministerio de Asuntos Exteriores.
  La entidad colaboradora enviará toda la documentación al PROMUDEH y esperará su respuesta. Cuando se produzca la propuesta de adopción, el PROMUDEH lo comunicará, en primer lugar, a la autoridad competente de la comunidad autónoma para que apruebe la propuesta; en segundo lugar, si hay conformidad notificará la asignación a la ECAI y a la familia.
  A partir de la aceptación, los solicitantes han de viajar al país, donde permanecerán entre 25 y 40 días, con el fin de iniciar un periodo de acoplamiento con el menor.
  Completada satisfactoriamente esta etapa, se efectuarán los trámites pertinentes para regresar a España solicitando previamente al PROMUDEH el certificado que acredite que la adopción se ha tramitado conforme lo establecido en el Convenio de La Haya.

- **Gastos del proceso:** los gastos ocasionados para obtener el certificado de idoneidad (en algunas comunidades autónomas es gratuito), informes de seguimiento y tarifas de la ECAI.

República Dominicana

- **Información de interés:** la ley de la República Dominicana regula dos tipos de adopción: la simple y la privilegiada. Esta última equivale a la adopción plena. Es necesario permanecer un mínimo de 2 meses y 18 días de forma ininterrumpida en el país para realizar los trámites de adopción.

- **Organismos competentes en República Dominicana:**
— Departamento de Guarda y Adopción. Secretaría del Estado de Salud Pública y Asistencia Social;
— Organismo Rector del Sistema de Protección del Menor.

- **Requisitos para adoptar:**
— ser mayor de 25 años de edad;
— ser una pareja formada por el hombre y la mujer que demuestren una convivencia no interrumpida de al menos 5 años, o ser persona soltera que, de hecho, tenga ya la responsabilidad de la crianza y educación de un niño;
— convivir con el adoptado dentro del territorio nacional un mínimo de 30 días si es mayor de 15 años, y de 60 días si es menor de 15 años;
— ser 15 años mayor que el adoptado;
— tener el consentimiento de los padres o, en el caso de que los padres hayan fallecido o no se sepa su paradero, tener el consentimiento del representante legal del menor. En el caso de niños o adolescentes huérfanos, el consentimiento necesario será el del juez de menores previa solicitud del Organismo Rector del Sistema de Protección al Niño, Niña y Adolescente;
— si tienen hijos mayores de 12 años, presentarlos ante el tribunal.

- **Documentación necesaria:**
— carta de solicitud dirigida a la Secretaría de Estado de Salud Pública y Asistencia Social, solicitando la guarda de un menor;
— informe psicosocial;
— carta bancaria de la pareja solicitante donde conste su solvencia económica;
— dos fotografías de cada miembro de la pareja;
— declaración jurada de dos personas mayores de edad, de la misma nacionalidad, que conozcan personalmente a la pareja, en la que consten las condiciones morales de la vida en común de la pareja;
— certificados de salud, de trabajo, de idoneidad, de matrimonio, de buena conducta, de bienes y de nacimiento de los solicitantes;
— copia del pasaporte de ambos solicitantes.

Es indispensable que todos los documentos sean legalizados por la Embajada o Consulado de la República Dominicana en España o por la Embajada o Consulado de España en la República Dominicana.

- **Tramitación del expediente:** todo el expediente ha de remitirse al organismo competente del país del menor. Según la legislación vigente en la República Dominicana, toda adopción debe estar precedida de una etapa de convivencia de los adoptantes con el adoptado por un plazo que será establecido por la autoridad judicial competente (aproximadamente dos meses), tomando en cuenta las peculiaridades de cada caso.

Obtenida la sentencia del tribunal correspondiente, una copia certificada de la misma deberá ser legalizada ante el Registro Civil, Procuraduría General de la República y Secretaría de Estado de Relaciones Exteriores; a continuación, será publicada en un periódico de tirada nacional, se depositará ante la Junta Central Electoral para la debida aprobación y será registrada por este organismo en la Oficina de Estado Civil para su debida inscripción al margen del acta de nacimiento correspondiente al menor adoptado.

El organismo competente de la República Dominicana puede solicitar el seguimiento de la adopción del menor hasta que se presente el documento acreditativo mediante el cual el menor adquiere la nacionalidad española.

- **Gastos del proceso:** los gastos ocasionados para obtener el certificado de idoneidad (en algunas comunidades autónomas es gratuito), informes de seguimiento y gastos de legalización y autenticación de documentos.

Rumanía

- **Información de interés:** la única vía reconocida para realizar una adopción internacional es mediante la intervención de una ECAI. La adopción rumana es plena.

- **Organismos competentes en Rumanía:** Agencia Nacional de Protección a la Infancia (ANPI).

- **Requisitos para adoptar:**
  — ser mayor de 25 años y tener, como mínimo, 18 años más que el adoptado. El juzgado rumano podrá autorizar la adopción aunque la diferencia de edad sea menor. Han de tener plena capacidad de obrar;
  — las parejas legalmente constituidas (matrimonios);
  — las personas solteras;
  — no puede ser adoptado un mismo niño por varias personas, salvo el caso en que la adopción se efectúe simultáneamente o sucesivamente por los cónyuges de un matrimonio.

- **Documentación necesaria:**
  — certificado literal original de la inscripción de nacimiento de los solicitantes;
  — certificado original de matrimonio o convivencia;
  — certificado de empadronamiento original;
  — fotocopia de la declaración de la renta y patrimonio de los tres últimos ejercicios económicos o certificado de haberes del mismo periodo;
  — relación documentada de bienes patrimoniales y la última nómina;
  — informe psicosocial;
  — certificado de idoneidad;
  — declaración jurada de existencia o no de hijos, propios o adoptivos;
  — certificado médico original que acredite no padecer enfermedades infectocontagiosas ni cualquier otra que dificulte el cuidado del menor;
  — fotocopia del documento de asistencia sanitaria de la Seguridad Social o de cualquier otra póliza suscrita con otra compañía;
  — certificado de antecedentes penales;
  — fotocopia del DNI de los solicitantes;
  — una fotografía tamaño carné de los solicitantes.

- **Tramitación del expediente:** los documentos que integran el expediente de adopción deben estar legalizados mediante el sistema de apostilla. Después habrán de ser traducidos al rumano por un traductor jurado.
  Cuando la Agencia Nacional de Protección a la Infancia asigne el menor, tendrá que trasladar su decisión al organismo competente de la comunidad autónoma donde residen los solicitantes para confirmar la asignación. Si se confirma, se continuarán los trámites trasladando la propuesta a los solicitantes para que también lo confirmen y pueda iniciarse el correspondiente proceso judicial.
  A partir de ese momento, los adoptantes viajarán al país con la finalidad de iniciar un periodo de adaptación con el niño que durará unos diez días.
  Todo este proceso acabará con la inscripción de la adopción en la Embajada de España en Bucarest.
  Al igual que en el resto de países firmantes del Convenio de La Haya, antes de regresar a España se tendrá que reclamar a la autoridad central de Rumanía un certificado conforme se han seguido en el proceso adoptivo los principios establecidos en el Convenio de La Haya.
  Será necesario enviar informes de seguimiento.

- **Gastos del proceso:**
  — los gastos ocasionados para obtener el certificado de idoneidad (en algunas comunidades autónomas es gratuito);
  — informes de seguimiento;
  — gastos de legalización y autenticación de documentos;
  — tarifas de la ECAI.

Venezuela

- **Información de interés:** los menores que pueden ser adoptados en Venezuela por ciudadanos extranjeros son niños mayores de 4 años o grupos de hermanos. El tipo de adopción es la plena. La adopción internacional en Venezuela es considerada una alternativa para el niño cuando este no haya podido colocarse en el país.

- **Organismos competentes en Venezuela:** el organismo designado por Venezuela para realizar la colocación de un menor declarado en estado de abandono en una familia adoptiva es el Instituto Nacional del Menor (INAM).

- **Requisitos para adoptar:**
— matrimonios y personas solas. En el primer supuesto la ley venezolana establece que los solicitantes tienen que llevar como mínimo tres años casados;
— pueden adoptar las personas mayores de 25 años y que tengan una diferencia mínima de edad de 18 años con el menor.

- **Documentación necesaria:**
— carta autobiográfica dirigida a la Presidencia del INAM;
— copia del pasaporte;
— acta de nacimiento de ambos, en original, legalizada en el Consulado General de la República Bolivariana de Venezuela y autenticadas;
— aprobación en su país para adoptar niño extranjero;
— acta de matrimonio, original, legalizada en el Consulado General de la República Bolivariana de Venezuela y notariada;
— tres cartas de referencia personales (párroco y dos personas de honorabilidad comprobada);
— fotografías de la casa y el vecindario donde viven los adoptantes;
— dos fotografías de los adoptantes, a color, recientes;
— certificado médico de los adoptantes donde conste la imposibilidad de procrear;
— evaluación psicológica;
— informe social elaborado por una agencia de servicio social reconocida en el país.

- **Tramitación del expediente:** el expediente de adopción, con los documentos legalizados mediante el sistema de apostilla, tiene que ser enviado al Instituto Nacional del Menor.
Cuando se produzca la asignación del menor, el organismo competente de la comunidad autónoma de los solicitantes tiene que autorizarla y trasladarla, tal y como establece el Convenio de La Haya, a los solicitantes de adopción. A partir de ese momento, podrán viajar al país con el fin de iniciar una primera etapa de acoplamiento con el menor. Antes de que la adopción quede constituida definitivamente, habrán convivido adoptantes y adoptado durante seis meses.
Al ser un país firmante del Convenio de La Haya, antes de regresar a España se tendrá que reclamar a la autoridad central de Venezuela un certificado conforme se han seguido en el proceso adoptivo los principios establecidos en el Convenio.
En España, hay que informar a las autoridades venezolanas sobre la evolución del niño con su nueva familia para que, en su caso, constituyan la adopción. Este seguimiento continuará durante un año, debiendo remitir un informe cada cuatro meses.

- **Gastos del proceso:** gastos ocasionados para obtener el certificado de idoneidad (en algunas comunidades autónomas es gratuito), informes de seguimiento y gastos de legalización y autenticación de documentos.

Vietnam

- **Información de interés:** no existe, actualmente, ningún convenio bilateral con Vietnam, ni es país firmante del Convenio de La Haya. La adopción en este país es plena.

- **Organismos competentes en Vietnam:** los organismos responsables son los Departamentos de Justicia del Comité Popular de cada ciudad.

- **Requisitos para adoptar:**
  — pueden adoptar todas aquellas personas mayores de 25 años;
  — se admiten solicitudes de adopción por parte de personas solteras, matrimonios con y sin hijos, aunque tienen preferencia los matrimonios que no tienen ninguno;
  — no se admite la adopción a parejas de hecho.

- **Documentación necesaria:**
  — certificado de idoneidad;
  — informe psicosocial;
  — copia de los pasaportes de los solicitantes;
  — certificados médicos oficiales en los que conste que los adoptantes tienen buena salud física y mental y no padecen ninguna enfermedad contagiosa;
  — certificado de empresa de los ingresos anuales de los solicitantes y, en su caso, certificado de la renta;
  — compromiso de seguimiento. Este documento se presentará rellenando un modelo oficial;
  — certificados de nacimiento o certificado del estado civil para los supuestos de adopción por personas solas;
  — copia del Libro de Familia;
  — cuatro fotos de cada solicitante y alguna de la vivienda y el entorno familiar.

- **Tramitación del expediente:** el expediente tiene que estar traducido íntegramente al vietnamita. Después tendrá que ser legalizado, en primer lugar, por el Ministerio de Asuntos Exteriores español; en segundo lugar, por la Embajada de España en Hanoi, y por último, por el Departamento de Asuntos Consulares del Ministerio de Relaciones Exteriores vietnamita.
   El expediente se compondrá de un original y cuatro copias, que han de enviarse al Departamento de Justicia del Comité Popular de alguna ciudad de Vietnam. Los comités más importantes se encuentran situados en las ciudades de Hanoi, Haiphong, Haihung, Danang y Ho Chi Minh.
   Cuando se produzca la asignación del menor, los solicitantes deberán viajar al Vietnam y permanecer en el país unos tres meses aproximadamente, ya que tienen que realizarse diversos trámites administrativos:

  — formalización de la adopción ante el órgano administrativo vietnamita competente (Comité Popular de la ciudad correspondiente);
  — obtención del visado en el Ministerio del Interior de Vietnam;
  — registro de la adopción en la Embajada de España;
  — obtención del pasaporte.

   Cuando el menor y los padres adoptivos vuelvan a España, tendrán que remitir informes anuales a las autoridades del Vietnam sobre la adaptación y el desarrollo del niño, adjuntándose a estos informes fotografías del adoptado.

- **Gastos del proceso:** gastos ocasionados para obtener el certificado de idoneidad (en algunas comunidades autónomas es gratuito), informes de seguimiento y gastos de legalización y autenticación de documentos.

Glosario

Abandono. Es el acto por el cual una persona deja o desampara a un menor de edad o incapaz, exponiéndolo de esta manera a toda la serie de peligros que dicha situación lleva consigo.

Acogimiento familiar. Figura que puede tener un carácter administrativo o judicial y que otorga la guarda de un menor a una persona o núcleo familiar, con la obligación de cuidarlo, alimentarlo y educarlo por un tiempo, con el fin de integrarlo en una vida familiar que sustituya o complemente temporalmente la suya natural, con independencia de que los padres estén privados total o parcialmente de la patria potestad. Existen varios tipos de acogimiento:

Acogimiento simple. Es el acogimiento familiar tipo y tiene como finalidad proporcionar un ambiente familiar enriquecedor para el desarrollo integral de la personalidad del niño hasta que regrese con su propia familia, o bien hasta que se adopte una medida más conveniente y estable para el menor. No implica, salvo casos muy excepcionales, la adopción, pues se trata de una medida temporal. *Acogimiento permanente.* Es el previsto para aquellos casos en que la edad u otras circunstancias que rodean al niño y a su familia biológica así lo aconsejen. Tiene una estabilidad temporal más amplia que el simple, ya que otorga a los acogedores, en determinados supuestos y a diferencia del simple, la tutela de los menores. No está reconocido en todas las comunidades autónomas.

Acogimiento preadoptivo. Es una modalidad de acogimiento que no participa plenamente de la naturaleza jurídica del acogimiento, porque su finalidad es preparar la adopción del menor que se encuentra con la familia preadoptiva, y que podrá formalizarse previa o conjuntamente a la propuesta que la entidad pública competente hace al juez para la adopción, siempre que se haya comprobado que la familia reúne los requisitos necesarios para adoptar, haya prestado su consentimiento y el menor se encuentre jurídicamente en condiciones de ser adoptado.

Adopción. Acto jurídico, de derecho privado, en virtud del cual entre adoptante y adoptado surgen vínculos jurídicos idénticos a los que resultan de la filiación biológica. Puede ser simple o plena:

Adopción simple. Es el tipo de adopción que no produce la ruptura de vínculos jurídicos entre el adoptado y su familia biológica, a excepción de la patria potestad.
Adopción plena. Es el tipo de adopción que produce la ruptura de vínculos jurídicos entre el adoptado y su familia biológica. En el ordenamiento jurídico español sólo se reconoce en la actualidad este tipo de adopción, que supone la equiparación absoluta de la filiación adoptiva a la filiación biológica, es irrevocable y se constituye en virtud de una resolución judicial en forma de *auto*, siempre que no exista oposición a la misma, en cuyo caso el procedimiento devenga en contencioso y la resolución revestirá forma de *sentencia*.

Afinidad. Parentesco que se establece mediante el matrimonio entre cada cónyuge y los parientes del otro.

Apostilla. Certificación sobre la autenticidad de los documentos públicos expedidos por las autoridades y funcionarios de la Administración General del Estado que vayan a surtir efecto en aquellos países a que se refiere el Convenio XII de la Conferencia de la Haya de Derecho Internacional Privado, de 5 de octubre de 1961.

Asentimiento. Conformidad con el negocio jurídico ajeno o con la resolución adoptada.

Autenticar. Autorizar o legalizar alguna cosa.

Auto. Resolución judicial por la que se deciden cuestiones de importancia relativas a intereses de los litigantes dignos de protección.

Autoridad central. Autoridad designada por cada Estado firmante del Convenio de La Haya encargada de dar cumplimiento a las obligaciones que dicho Convenio le impone.

Capacidad natural. Es la capacidad que se presume que tiene toda persona por el hecho de serlo.

Consanguinidad. Unión, por parentesco natural, de varias personas que descienden de una misma raíz o tronco.

Cuenta general del tutor. Acto mediante el cual el tutor, al cesar sus funciones, justifica la administración de su gestión ante la autoridad judicial competente.

Curatela. Institución que tiene por objeto la intervención de la persona designada por resolución judicial para aquellos actos que realicen, en determinadas circunstancias, los menores emancipados o pródigos que no puedan realizar actos por sí solos.
Únicamente tendrá lugar para aquellos actos que expresamente imponga la sentencia que la haya establecido. Están sujetos a curatela:

a) Los emancipados cuyos padres fallecieran o quedaran impedidos para el ejercicio de la asistencia prevenida por la ley.
b) Los que obtuvieran el beneficio de la mayoría de edad.
c) Los declarados pródigos.

Deber de alimentos. Es una relación jurídica por la que una persona está obligada a prestar a otra las necesidades materiales para su subsistencia. Se caracteriza por ser una obligación condicional, variable, recíproca, personal y social.

Demanda. Solicitud dirigida a un juzgado y que da origen al procedimiento. Es un acto procesal de la parte y como tal se encuentra sujeto a unos requisitos formales cuyo incumplimiento puede en algunos casos ser causa de inadmisión.

Desamparo. Situación que se produce como consecuencia del incumplimiento o del imposible o inadecuado cumplimiento de los deberes inherentes a la patria potestad, y que priva a los menores de la necesaria asistencia material y moral.

Documento público. Aquel expedido, autorizado o intervenido por funcionario público competente. En el caso de que alguna de las partes impugnase la autenticidad del documento o dudase de la exactitud de la copia, se procederá a un cotejo con el original.

ECAI. Es una entidad colaboradora en adopción internacional, comúnmente llamada *agencia de adopción internacional*. La Ley Orgánica de Protección Jurídica del Menor incluye la regularización en España de la actuación de dichas entidades colaboradoras. Estas agencias colaboradoras deben actuar como mediadoras sin ánimo de lucro y estar acreditadas por las comunidades autónomas correspondientes, así como por el país de origen del menor.

Filiación. Relación, con alcance jurídico, entre padres e hijos. Como hecho natural, se da siempre, pues constituye una consecuencia de la procreación. Como hecho jurídico, es la posición que una persona ocupa dentro de una familia en su calidad de hijo.

Guarda. Protección de personas o de los bienes de un menor o presunto incapaz. Supone una actividad y situación transitoria asumida por una persona sin titularidad de habilitación.

Idoneidad. Hace referencia a aquellos solicitantes de adopción que reúnen los requisitos para ser considerados capaces de asumir las responsabilidades que lleva consigo la filiación adoptiva.

Incapacitación. Enfermedades o deficiencias persistentes de carácter física o psíquica, que impiden a una persona gobernarse por sí misma. El incapacitado quedará sometido a tutela o curatela. En el primer caso, el tutor es un representante legal, y en el segundo, el sometido a curatela puede actuar pero con la asistencia del curador para ciertos actos.

Incapacitación judicial. Es el único medio que existe para reconocer y declarar la inexistencia o limitación de la capacidad de obrar de una. Es emitida por un juez.

Incoación. Activación de un proceso, pleito, expediente o alguna otra actuación judicial.

Legalización. Comprobación y confirmación de la verdad de un documento. En sentido notarial, es una certificación dada por uno o más notarios que aseguran la autenticidad de una firma.

Legítima. Es la porción de bienes de la que el testador no puede disponer por haberla reservado la ley a determinados herederos, denominados por este motivo *herederos forzosos*.

Nasciturus. Concebido.

Oneroso. Que incluye conmutación de prestaciones recíprocas a diferencia de lo que se adquiere a título lucrativo.

Patria potestad. Deberes y derechos de los padres con respecto a la persona y bienes de sus hijos para proveer las necesidades de estos. Las características de la patria potestad son que constituye un deber y una obligación de carácter personalísimo, no se puede transmitir, representa un deber positivo de trato continuado, que exige y requiere un despliegue eficaz y constante de una conducta que llene el cometido de la patria potestad.

La patria potestad corresponde a ambos padres, que la ejercen respecto de los hijos no emancipados, excepto si han sido suspendidos o privados de ella, o si, por circunstancias especiales, la ejerce uno solo, como en los casos de ausencia o abandono de familia.

Protección. Acción y efecto de proteger. Referido a los niños, toda actuación dirigida a ampararlos, favorecerlos y defenderlos.

Providencia. Resolución judicial que tiene por objeto la tramitación y ordenación material del proceso, careciendo en principio de razonamientos jurídicos.

Reconocimiento. Referido a adopciones, es el cumplimiento de los requisitos para que aquellas adopciones constituidas en el extranjero sean válidas conforme al ordenamiento jurídico español.

Reglamento. Disposición jurídica de carácter general dictada por la Administración pública y con valor subordinado a la ley. Esta facultad de la Administración tiene dos limitaciones:

a) No podrá ser contraria a las leyes.
b) Los órganos administrativos no podrán vulnerar lo dispuesto por otros órganos de grado superior.

Remoción. Apartar a una persona de su empleo o cargo. Remoción de la tutela: serán removidos de la tutela los que incurran en causa legal de inhabilidad o se conduzcan mal en su desempeño, por incumplimiento de los deberes propios o por ineptitud en su ejercicio.

Resolución. Es la declaración de voluntad del organismo al que corresponde la decisión de un expediente, estimando o rechazando una solicitud, o declarando la incompatibilidad del órgano a cuyo cargo se halla la decisión.

Revocación. Anulación, sustitución o enmienda de orden o fallo por actividad distinta de la que había resuelto. Acto jurídico que deja sin efecto otro anterior por voluntad del otorgante.

TIPAI. Son las siglas del Turno de Intervención Profesional para la Adopción Internacional. Son los colegios de psicólogos y trabajadores sociales quienes coordinan el TIPAI. Están formados por profesionales en el campo de la adopción. Estos profesionales elaboran los informes psicológicos y sociales para la obtención del certificado de idoneidad, que posteriormente valorará la Comisión Tutelar de la comunidad autónoma correspondiente.

Tutela. Institución que tiene por finalidad la guarda y protección de la persona y bienes de los menores o incapacitados. Están sujetos a tutela los menores no emancipados, los incapacitados, cuando la sentencia lo haya establecido, y los sujetos a patria potestad prorrogada, salvo que proceda la curatela.

Todas las personas están legitimadas para poner en conocimiento del Ministerio Fiscal aquellos hechos determinantes de la tutela.

En principio, pueden ser tutores todas las personas, tanto físicas como jurídicas, pero estas últimas sólo si tuvieran como finalidad la protección de menores o incapaces.

A la entidad pública a la que corresponde la protección de menores, le incumbe la responsabilidad de asumir la *tutela automática* cuando aprecie que algún menor se encuentra en situación de desamparo, sin necesidad de intervención judicial previa, adoptando todas las medidas de protección para su guarda y siendo preceptivo informar al Ministerio Fiscal de todo lo actuado. La tutela así asumida tiene un marcado carácter de provisionalidad, es decir, se mantendrá en tanto subsistan las causas que fueron objeto de su intervención.

Vecindad civil. Vínculo de dependencia regional que lleva consigo la sumisión a una u otra legislación civil de un país. La sumisión al derecho civil común, al especial o foral se determina por la vecindad civil.

www.ingramcontent.com/pod-product-compliance
Lightning Source LLC
Chambersburg PA
CBHW071346090426
42738CB00012B/3031